Ludwig Mollwo

Die Kapitulation von Maxen

Ludwig Mollwo

Die Kapitulation von Maxen

ISBN/EAN: 9783742826381

Hergestellt in Europa, USA, Kanada, Australien, Japan

Cover: Foto ©ninafisch / pixelio.de

Ludwig Mollwo

Die Kapitulation von Maxen

Die Kapitulation von Maxen.

Inaugural-Dissertation

zur

Erlangung der Doktorwürde

der

Hohen philosophischen Fakultät der Universität Marburg

vorgelegt von

Ludwig H. Mollwo

aus

Lübeck.

Marburg
Buchdruckerei Fr. Sömmering
1893.

Von hoher Philosophischer Fakultät zu Marburg
angenommen am 14. Jan. 1893.

Meinen lieben Eltern.

Inhalts-Verzeichnis.

	S.
I. Quellenanalyse	1.
Aktenstücke und für die Oeffentlichkeit bestimmte Relationen	1.
Tagebücher	7.
Darstellungen und Memoiren	20.
Das *Gaudische* Journal, S. 20, *Tempelhoff*, S. 26, Friedrich der Grosse, S. 32, *Tielke*, S. 35, Die spätere Memoirenlitteratur, S. 36.	
II. Vorgeschichte	39.
Die Auffassung, welche König Friedrich von seiner Lage hatte, als er Mitte November den Oberbefehl über das Heer in Sachsen übernahm	39.
Die Entsendung des Generals Finck nach Maxen	46.
Beurteilung des Verhaltens Fincks und des Plancs des Königs	52.
III. Gefecht und Kapitulation	57.
Vorbereitungen und Einleitung des Gefechtes	57.
Verlauf des Gefechtes	65.
Die Kapitulation	72.
Anhang.	

Die vorliegende Abhandlung wurde veranlasst durch das Erscheinen der zweiten Hälfte des achtzehnten Bandes der Politischen Korrespondenz Friedrichs des Grossen. Zur Ergänzung des hier mitgeteilten reichen Materials wurde mir gütigst gestattet, die Akten des Geheimen Staatsarchives und die des Kriegsarchives des Grossen Generalstabes einzusehen. Bei einer erneuten Untersuchung der schon lange gedruckt vorliegenden, zuletzt von *Winter* ausführlich besprochenen Quellen stellte sich dann ein von diesem Forscher abweichendes Ergebnis heraus. So konnte versucht werden, auf Grund der neuen und der schon bekannten Quellen eine wiederholte Darstellung der Kapitulation von Maxen zu geben, welche zugleich das militärische Ereignis in den politischen Zusammenhang einzureihen sucht, ohne den es nicht verstanden werden kann.

Den verehrlichen Beamten der beiden genannten Archive bin ich für die mir zur teil gewordene Förderung zu aufrichtigem Danke verpflichtet. Insbesondere aber spreche ich meinem hochverehrten Lehrer, Herrn Prof. Dr. *M. Lehmann*, der mich in meinen Studien mit Rat und That unterstützte und mich zu dieser Arbeit anregte, auch an dieser Stelle meinen tiefgefühlten Dank aus.

I. Quellenanalyse.

Bei der Besprechung der Quellen zur Kapitulation von Maxen habe ich mich auf diejenigen beschränkt, welche das Ereignis selbst betreffen. Ueber die Vorgeschichte unterrichten die Akten im achtzehnten Bande der Politischen Korrespondenz Friedrichs des Grossen und die von *Winter*[1]) veröffentlichten Berichte Fincks so genau, dass daneben die vorhandenen Tagebücher, Darstellungen und ähnliches weniger inbetracht kommen. Anders ist es mit der Schilderung der Katastrophe, für sie sind wir hauptsächlich auf Quellen der letzteren Art angewiesen, und diese machen eine eingehende Kritik erforderlich.

Es sollen alle wichtigeren Quellen, so weit sie mir bekannt geworden sind, aufgezählt werden und zwar zunächst die Aktenstücke und Relationen, darauf die Tagebücher und endlich die Darstellungen und Memoiren.

Aktenstücke und für die Oeffentlichkeit bestimmte Relationen.

Unter den Akten, welche im XVIII. Bande der Politischen Korrespondenz veröffentlicht sind, findet sich eine ganze Anzahl, in welchen das Ereignis von Maxen erwähnt wird, aber ein Bericht über das Treffen ist leider nicht vorhanden. Finck mel-

---

[1]) *Winter*, Die kriegsgeschichtliche Ueberlieferung über Friedrich den Grossen, kritisch geprüft an dem Beispiel der Kapitulation von Maxen. Hist. Untersuch., herausgegeben von Jastrow, Heft 7, Berlin 1888.

det nur ganz kurz seine Gefangennahme[1]). Der König teilt seinen Ministern und Bevollmächtigten den Vorfall ebenfalls nur in allgemeinen Ausdrücken mit.

Ausführlicher sind mehrere Schreiben Eichels an Finckenstein[2]). Doch sagt er selbst: „Es ist niemand von Leuten dabei, der jemanden eine rechte Idee dieses unglücklichen Vorfalls geben könnte." Die Schilderung ist denn auch sehr ungenau und oberflächlich und für eine Kontrolle der anderen Quellen nicht zu benutzen.

Nur der Brief des Generals Wunsch an seine Frau[3]) bietet uns den gleichzeitigen Bericht eines Augenzeugen. Aber Wunsch ist nur über die Kämpfe seines Detachements unterrichtet, die verhältnismässig unwichtig waren. Zudem ist er auch nicht ganz genau, denn er will nur 4 Bataillone bei sich gehabt haben[4]), während die anderen Quellen seine Stärke auf 5 Bataillone und mindestens 1 Schwadron Husaren angeben. Andererseits giebt er die Zahl der gegen ihn stehenden Feinde zu hoch an. Doch sind diese kleinen Entstellungen der Zahlen bei einem geschlagenen General sehr begreiflich, zumal da es sich hier nicht um einen offiziellen Bericht, sondern um ein Schreiben an seine Frau handelt, welcher er sein Verhalten natürlich möglichst günstig darstellen wollte. Einiges wird man immerhin aus dem Schreiben entnehmen können.

Ein Bericht Zietens, der von *Winter* gedruckt ist[5]), bietet eine genaue Zeitbestimmung, die mit den übrigen Angaben gut übereinstimmt.

Als Quellen sind ferner zu nennen die Akten des Kriegsgerichts[6]), das 1763 über Finck gehalten wurde, und die Ver-

---

[1]) Finck an den König d. d. Dresden, 21. November, abgedruckt bei *Winter*, S. 143.

[2]) P. K., XVIII., S. 657 und 661.

[3]) P. K., XVIII.. S. 671, *Winter*, S. 148 f.

[4]) Die Tagebücher, welche anfangs 5 Bataillone nennen, sprechen übrigens am Schluss ihres Berichtes auch von vieren; das muss ein Flüchtigkeitsfehler sein.

[5]) *Winter*, Zieten, II., S. 377.

[6]) Zum Teil gedruckt bei *Winter*, S. 150 ff., ergänzende Auszüge bei *Schöning*, der siebenjährige Krieg, II., S. 195 ff.

teidigungsschrift¹), welche der General nach seiner Verurteilung aufgesetzt hat.

Für die Feststellung der Thatsachen besitzen diese Schriftstücke nicht allzuviel Wert, da die Kriegsgerichtsakten leider nur in kurzem Auszuge noch vorhanden sind; übrigens stimmen die Angaben in allem Wesentlichen mit der zu besprechenden Hauptquelle überein. Bemerkenswert ist nur, dass die Stärke des Korps am Morgen der Kapitulation im Protokoll des Verhörs auf 5071 Mann und 1800 Mann des Generals Wunsch beziffert ist, in der Denkschrift auf 7000 etliche hundert Mann, während die Tagebücher sämtlich nur 2836 Mann angeben. Das einzige, was die Denkschrift und die Verhöre sonst neues bringen, sind die Mitteilungen über die Gedanken und Absichten Fincks, aus denen man mit Vorsicht einiges wird verwerten können. Die Urteile des Kriegsgerichts sind insofern von Interesse, als sie die Meinung zeitgenössischer Fachgenossen über das Ereignis darstellen. Doch ist nicht zu vergessen, dass sie nur nach den Aussagen der Hauptbeteiligten, ohne irgend welche authentische Nachrichten urteilten²).

Ausserdem fanden sich noch einige Aktenstücke im Kriegsarchiv des Grossen Generalstabes.

„Das Protokoll der Vernehmung eines Unteroffiziers vom Platenschen Dragonerregiment"³), der sich in seine Heimat geflüchtet hatte. Es wurde am 27. November von Grünberg aus an Schlabrendorff eingesandt. Natürlich konnte der Unteroffizier von seinem beschränkten Standpunkte aus die allgemeinen Verhältnisse nicht übersehen, aber er teilt einige Einzelheiten mit, welche sich mit den anderen Nachrichten gut vereinigen lassen. Die wichtigsten Stellen lauten:

„. . . . gegen 3 Uhr, wäre auch hinter Maxen, das kleine Gewehr angegangen, allwo 3 Grenadier-Bataillons, das Regiment Dragoner v. Würtenberg, und 1. Bataillon Gersdorffische Husaren,

---

¹) Abgedruckt bei *Winter*, S. 157 ff. Ein Auszug daraus: Neues militärisches Journal, III., S. 49 ff.
²) Vgl. *Winter*, S. 152.
³) K. A. I. XXVII. 436, S. 10 f.

postirt gestanden, wiewohl nicht länger, als ½ Stunde resistiren können . . . . .

. . . . . nach dieser Retirade wäre das Platensche Regiment zur Unterstützung der Grenadiers commandiret worden, letztere wären jedoch mehrentheils nicht aufzuhalten gewesen, und als dieses Regiment, in die Oesterreichische Grenadiers zu Fuss eingehauen, hätten diese sich geschwenket und wären jenen in die flanque gerathen. Das erschreckliche Haubitz- und Kartätschenfeuer, habe hierauf auch dieses Regiment zum weichen genöthiget, worauf die Confusion meist allgemein geworden, wiewohl 4 bis 6 Battaillons derer Unsrigen, sich auf 2 Berge lange gehalten, da indessen die übrigen sich gäntzlich verschossen gehabt . . . . ."

Ebenso, nur etwas kürzer, erzählt der Feldprediger desselben Regiments, der sich ebenfalls gerettet hatte, und dessen Aussage einige Tage später an Schlabrendorff eingesandt wurde [1]).

Endlich sei hier noch ein Auszug aus einer Ordre Friedrichs des Grossen an Generalmajor Schenckendorff angefügt [2]), die zwar schon am 19. November erlassen ist, aber für die Ansicht des Königs so wichtig ist, dass sie, da sie ungedruckt ist, erwähnt werden muss.

In dem Sammelbande des Kriegsarchivs, „Journale, Relationen, Kantonnirungslisten — meist von *v. Scheelens* Hand — betreffend den Feldzug 1759", findet sich ein loses Folioblatt, welches überschrieben ist „Extract des letzten Kriegs 1759". Es enthält bunt durcheinander Notizen aus dem Jahre 1759 über den General Schenckendorff, meist aus dem November und Dezember, einige auch aus dem Februar und April. Für unseren Zweck sind zwei längere Absätze wichtig, welche die Befehle des Königs an Schenckendorff um die Mitte des Novembers behandeln. Die Originale dieser Ordres sind leider bis auf eine gleich zu erwähnende verloren gegangen, die hier gegebenen Auszüge aus ihnen sind aber unzweifelhaft echt und zuverlässig. Dafür spricht der Umstand, dass sich in demselben Sammel-

[1]) K.-A. I. XXVII. 436.
[2]) K.-A. I. XXVII. 420, S. 81.

bande, ausser einer Meldung an Schenckendorff vom 5. Dezember 1759, das (übrigens ungedruckte) Original einer Ordre Friedrichs an den General vom 18. November 1759 findet[1]). Ausserdem stimmen die Auszüge, soweit sie sich vergleichen lassen, mit den Bleinotizen auf der Rückseite von des Generals Berichten aus diesen Tagen. überein. *Scheelen*[2]) hat also wohl mit Schenckendorff in Verbindung gestanden[3]), und wie dieser ihm einzelne Urkunden im Original überliess, so hat er ihm auch Gelegenheit geboten, von anderen sich Auszüge zu machen. Die wichtigste Stelle lautet:

„..... den 19. Nov. schrieb der König von Wilsdruff an General Schenckendorff nach Braunsdorff, dass Er wohl die aussage der deserteurs würde gehört haben, Er solle deshalb sogleich patroullen nach nider Bohren und Kunersdorff ausschicken um gewisse nachricht zu haben, Der König glaubte der feind attaquire die brodtwagen, so heute in Dippolswalda eintreffen sollten, und Genal. Finck würde gewiss Succurs dahin geschickt haben.

Schenckendorff solle sich parat halten, den 20ten um den Taranter Wald nach Dippolswalda zu marschiren, weil Er glaubte dass Finck den Feind dort attaquiren würde, welches ein unangenehmer umstandt seye, der den König viel Gutes verdürbe ....."

Ueber die Ereignisse auf österreichischer Seite berichten ein paar Aktenstücke, welche im Auszuge in den Beiträgen zur Geschichte der österreichischen Kavallerie I., 1882, S. 403 ff. veröffentlicht sind. Sie betreffen indes nur unwichtigere Einzelheiten.

---

[1]) Sie ist in der Beilage abgedruckt.

[2]) Sch. war 1759 Premierlieutenant im ersten Bataillon Garde, als dessen Kommandeur er 1786 starb. In seinem Nachlasse finden sich eine grosse Menge von Tagebüchern und handschriftlichem Material, welches er in den Feldzügen, die er mitmachte, gesammelt hatte. Vgl. *(König)* Biograph. Lexikon, III., S. 358.

[3]) Die Notizen auf dem betreffenden Blatte beziehen sich, wie gesagt, fast ausschliesslich auf Generalmajor Schenckendorff und behandeln teilweise rein persönliche Angelegenheiten, wie seine Beförderungen.

Von gleichzeitigen offiziellen Veröffentlichungen über das Treffen besitzen wir mehrere. Diese sogenannten Relationen sind etwa unseren heutigen amtlichen Bekanntmachungen zu vergleichen und, weil sich die Regierungen in ihnen offen der Kritik aussetzten, als Quellen von Wert, aber doch namentlich in Bezug auf die Zahlenangaben mit Vorsicht zu benutzen[1]).

Wienerische Relation[2]).

Diese Relation giebt in ausführlicher Weise Nachricht über die Ereignisse vom 17. November an. Sie ist vielleicht auf Grund des Daunschen Berichtes abgefasst[3]) und bietet genauen und zuverlässigen Aufschluss über die Bewegungen des österreichischen Heeres.

Preussische Relation[4]).

Der Bericht giebt in sehr allgemeinen Ausdrücken Nachricht von dem Unfalle und bringt über das Ereignis selbst nichts wesentliches bei.

Als Antwort auf die Verlustliste am Schlusse der Wiener Relation wurde dann das „Schreiben eines Preussischen Offiziers aus dem Lager bey Wilsdruf vom 10. Dez."[5]) ausgegeben. Es enthält den Versuch, den Verlust der Preussen möglichst klein, die Uebermacht der Angreifer möglichst gross darzustellen, ist also völlig wertlos.

Es erschien dann wieder als Entgegnung von Wien aus ein Stärkerapport[6]), in welchem sämtliche Offiziere namentlich, die

---

[1]) Vgl. *Ammann*, die Schlacht bei Prag. Diss., Heidelberg 1887, S. 2 f.

[2]) Gedr. Danziger Beitr., 9. Teil, S. 52 ff. Teutsche Kriegs-Canzley auf das Jahr 1759, III., S. 1008 ff. *Seyfart*, Gesch. des seit 1756 geführten Krieges, III., 2. Abt., S. 437. Helden, Staats- u. Lebensgesch. Friedr. d. Andern, V., S. 1007 ff. *Tielke*, Beiträge zur Kriegskunst u. s. w., I., S. 26 ff. Bei *T.* fehlen die Verlustlisten beider Parteien am Schluss, er hat die Verluste der Preussen in etwas abweichender Form und Zahl schon vorher S. 24.

[3]) Vgl. *Winter*, S. 124.

[4]) Danziger Beitr., IX., S. 470 und in den anderen genannten Sammlungen.

[5]) Danziger Beitr., IX., S. 472.

[6]) Danziger Beitr., IX., S. 80.

Gemeinen bataillonsweise angegeben werden. Der Gesamtverlust der Preussen beziffert sich darnach auf 14,922 Mann.

Diese Zahl ist in einer nochmaligen Erwiderung[1]) von preussischer Seite bestritten worden. Doch verwarf man nur die Angaben über die Zahl der Gemeinen, indem man darauf hinwies, dass die Bataillone in dem vorhergehenden Feldzuge einen Teil ihrer Stärke eingebüsst hätten. Die Zahl der Bataillone, Eskadrons und der Offiziere ist also als gesichert zu betrachten.

Ein allgemeiner gehaltener Bericht ist noch von österreichischer Seite veröffentlicht worden[2]). In ihm ist wichtig die kurze Notiz: „Die feindliche Kavallerie liess sich jedoch nicht sehen."

Ueber die Ereignisse bei der Reichsarmee besitzen wir ebenfalls eine Relation[3]). Die Verdienste der Reichstruppen werden darin zwar nach Möglichkeit hervorgehoben, aber einige Thatsachen wird man wohl unbedenklich daraus entnehmen können, zumal da eine Angabe wenigstens, wie unten gezeigt werden wird, durch ein Aktenstück belegt ist.

Im allgemeinen ergiebt sich, dass die Aktenstücke und Relationen für die Schilderung des Treffens bei Maxen nur spärliches Material bieten, weit wichtiger sind die Quellen, zu deren Besprechung ich jetzt übergehe.

Tagebücher.

Aus einer Anzahl von gedruckten Tagebüchern, welche alle das Ereignis nur registrieren, ohne weitere Zusätze, ist eines hervorzuheben, das etwas ausführlicher ist.

„Tagebuch eines preussischen Offiziers über die Feldzüge

---

[1]) Danziger Beitr., IX., S. 475.
[2]) Danziger Beitr., IX., S. 99.
[3]) Danziger Beitr., IX., S. 155.

von 1756 bis 1763"[1]). Der Verfasser war 1755 als Kadet in das sächsische Heer eingetreten. Nach Pirna trat er in preussische Dienste über und kam nach der Kapitulation von Breslau in das Regiment Prinz von Preussen. Er war also nicht selbst bei Maxen, und es ist leicht erklärbar, dass er die Kapitulation schon auf den 20. November verlegt, da er die Nachricht von anderen erhalten musste, und dabei leicht ein Irrtum mit unterlaufen konnte. Aber er berichtet die Zahl der gefangenen Bataillone[2]) und fügt eine Nachricht hinzu, welche Angaben bestätigt, die uns anderweitig gemacht werden. Er schreibt: „Es waren aber lauter solche Bataillons und Eskadrons, so nicht vollzählig waren, sondern diejenigen, die in den Schlachten von Kay und Kunnersdorf am meisten gelitten hatten."

---

[1]) Sammlung ungedruckter Nachrichten, II., S. 328, ff., S. 388.

[2]) Merkwürdigerweise hat dieselbe Zahl der verlorenen Kanonen wie das Tagebuch, die nicht mit der in den österreichischen Berichten und bei *Tielke* angegebenen übereinstimmt, auch *de Catt* in den Memoiren. Beide weisen überhaupt grosse Aehnlichkeit auf:

Publ. a. d. pr. Staatsarchiven, Bd. XXII, S. 263, Anm.:	Sammlung ung. Nachrichten II., S. 388.:
Le Roi perdit dans cette malheureuse affaire 18 bataillons pas complets, il est vrai, 35 escadrons, 66 canons, beaucoup de drapeaux, d'étendards et de timbales et neuf généraux: le lieutenant-général Finck, les généraux majors de Rebentisch, de Mosel, de Lindstedt, de Wunsch, de Bredow, de Platow, de Fasolt, de Gersdorff. Tout le bagage fut conservé.	Das Corps bestand aus 18 Bataillons und 35 Eskadrons; es waren aber lauter solche Bataillons und Eskadrons, so nicht vollzählig waren ..... Wir haben dabey 66 Kanonen, viele Fahnen, Estandarten und Pauken, wie auch 9 Generals verloren. Diese waren: der Generallieutenant von Finck; die Generalmajors: von Rebentisch, von Mosel, von Lindstädt, von Wunsch, von Bredow, von Platen, von Vasold und von Gersdorf. Die sämtliche Bagage aber hatte freyen Abzug bekommen.

Catt hat möglicherweise auch hier ein Journal benutzt, wie *Koser* (Publ. XXII., S. XXII f.) es für das Jahr 1758 nachgewiesen hat, natürlich nicht etwa das eben besprochene, zumal da C. des Deutschen nicht mächtig war (a. a. O. S. XXII). Auf die Benutzung eines Journals scheint auch die Erzählung der Operationen des 17. Novembers hinzudeuten (a. a. O. S. 258). *Koser* weist hier die Quelle der Memoiren nicht nach.

In dem schon erwähnten Sammelbande im Kriegsarchiv[1]) findet sich das Bruchstück eines Tagebuches, das die Ereignisse in dieser Zeit behandelt. Der Verfasser ist wahrscheinlich ein höherer Offizier. Er zeigt sich sehr gut sowohl über die Einzelheiten, wie über die ganze Lage unterrichtet. Doch war er nicht mit bei Maxen, und für unseren Zweck ist das Tagebuch nur wichtig wegen einiger genauer Zeitangaben, welche andere Quellen bestätigen.

Als eine sehr wichtige und durchaus zuverlässige Quelle für die Darstellung der Kapitulation von Maxen ist bis vor kurzem das in der Sammlung ungedruckter Nachrichten[2]) veröffentlichte „Journal von dem Finkischen Corps bei Maxen, im Jahre 1759" angesehen, das mit grosser Ausführlichkeit die Ereignisse auf preussischer Seite schildert. Neuerdings ist von *Winter* in der schon erwähnten Untersuchung der Versuch gemacht worden, den Wert dieser Quelle bedeutend herabzusetzen. Dieser Forscher fand nämlich im Nachlasse Fincks im Geheimen Staatsarchive eine von Fincks Hand geschriebene „Relation der unglücklichen Action bey Maxen", welche in grossen Abschnitten wörtlich mit dem gedruckten Journale übereinstimmt. Er erklärt nun das „Journal" für eine Ableitung oder sogar einen Abdruck der „Relation"[3]) und folgert daraus, dass das „Journal", weil es von dem Hauptbeteiligten, der infolge der Kapitulation in Ungnade fiel, selbst geschrieben sei oder wenigstens geistig herrühre, eine tendenziöse Färbung habe und also nur mit Vorsicht zu benutzen sei.

Zum Beweise stellt er sämtliche Abweichungen der beiden Berichte neben einander und behauptet zum Schluss, alle Ab-

---

[1]) K.-A. I. XXVII. 420, S. 176 ff.

[2]) Samml. ungedr. Nachr., II., S. 591—608.

[3]) Wie *Winter* (S. 97) sagen kann: „Man wird vielmehr das Verhältnis sich etwa so zu denken haben, dass die „Relation" entweder in Fincks eigener oder in einer anderen Handschrift dem Herausgeber des „Journals" vorgelegen hat, dass er sie und sie allein dem Abdruck zu Grunde legte, ohne sich gerade allenthalben sklavisch an seine Vorlage zu binden," ist eigentlich schwer begreiflich, da er selbst kurz vorher (S. 82 Anm.) erwähnt hat, dass sich dieselbe Relation noch in einem zweiten, dem „Journal" noch näher stehenden, von Schreibers Hand stammenden Exemplar im G.-St.-A. befindet.

weichungen des gedruckten Journals von der Relation liessen sich als Aenderungen des Herausgebers auffassen. Aber selbst wenn beide Schriften ganz wörtlich übereinstimmten, ist es dann bewiesen, dass das „Journal" von Finck herrühre? Kann nicht auch Finck die Relation, welche seine Handschrift zeigt, von einer anderen abgeschrieben haben? Denn dass sie von ihm verfasst sei, lässt sich nicht nachweisen [1]).

Mit der ersten Behauptung glaubt *Winter* auch die zweite, dass nämlich die Quelle tendenziös gefärbt sei, bewiesen zu haben. Einen genauen Nachweis hierfür führt er nicht, es heisst immer nur, dass sie zweifellos in Fincks Sinne gefärbt sei, weil sie von ihm herrühre [2]). Zur Prüfung seiner Aufstellungen wird es also vor allem darauf ankommen, das Verhältnis von „Journal" und „Relation" zu einander zu bestimmen.

Der genannte Historiker konstatiert selbst, dass der Herausgeber des Journals ausser mehreren Kürzungen auch sachliche Aenderungen vorgenommen hat. Warum er das gethan haben soll, ist nicht recht einzusehen. Vielmehr unterliegt es nach dem, was *Herrmann* über die Entstehung der Tagebücher festgestellt hat [3]), wohl keinem Zweifel, dass es sich hier um zwei von verschiedenen Verfassern herrührende, aber in gewissem Zusammenhange stehende Schriften handelt. Dafür lassen sich in diesem Falle auch noch einige spezielle Gründe beibringen, die vielleicht auch die Art des Zusammenhanges erkennen lassen.

Im Kriegsarchiv des Gr. Generalstabes finden sich nämlich nicht weniger als neun Handschriften, welche die Kapitulation bei Maxen behandeln, dazu kommt noch eine Relation im Geh. Staatsarchiv, die auch *Winter* schon erwähnt hat [4]). Zwei von diesen Relationen sind ein Anhang zu der Verteidigungsschrift Fincks, sie sind mit dieser zusammen in Pappdeckel eingebun-

---

[1]) *Winter*, S. 82.
[2]) *Winter*, S. 81 und 98.
[3]) *O. Herrmann*, über die Quellen der Geschichte des siebenjährigen Krieges von Tempelhoff. Diss., Berlin 1885, S. 44 ff.
Herrmann, Forsch. z. brand.-pr. Gesch., I., S. 271 ff. und IV., S. 565 ff.
[4]) *Winter*, S. 82.

den[1]). Die eine Schrift ist überschrieben: „Vertheidigung des General-Lieutenant von Finck, in Ansehung der unglücklichen Aktion bey Maxen, nebst denen sich darauf beziehenden Königl. Briefen und einer authentischen Relation von dieser Aktion, von eigener Hand des General-Lieutenants von Finck, unter dessen Schriften gefunden", die andere hat einen ähnlichen Titel[2]). Es sind, wie auch die Ueberschriften besagen, wortgetreue Abschriften der von Fincks Hand geschriebenen, in seinem Nachlasse im G.-St.-A. aufbewahrten Verteidigungsschrift und „Relation", nur dass hier die Ordres des Königs, welche bei dem Original verloren gegangen sind, noch mit abgeschrieben sind.

Die anderen acht Handschriften, Journal oder Relation des Finckschen Corps oder ähnlich betitelt, stehen sämtlich sich unter einander und dem gedruckt vorliegenden „Journal" sehr nahe. Doch haben fast alle unter einander kleine charakteristische Abweichungen. Ich habe diese zusammengestellt; aus ihnen lässt sich annähernd eine Genealogie der Handschriften herstellen und vor allem ein Bild von der Entstehungsweise solcher Journale gewinnen. Zur Vergleichung habe ich die betreffenden Stellen der Finckschen „Relation" dazu geschrieben.

Mit Journal ist das gedruckte bezeichnet, Handschrift A befindet sich im Kriegsarchiv unter I. XXVII. 405; B unter I. XXVII. 405; C unter I. XXVII. 406; D unter I. XXVII. 406; E unter XXVII. 52; F unter I. XXVII. 420, S. 155 und G unter I. XXVII. 420, S. 183; H ist die Handschrift im G.-St.-A., Rep. 63. 85; Finck die Fincksche Relation. Die Handschriften sind sorgfältig geschrieben, nur B macht eine Ausnahme. Auch hier fangen die ersten anderthalb Seiten sorgfältig an mit Schnörkeln und Verzierungen, dann ist von derselben Hand flüchtig weitergeschrieben, einzelne Seiten sind freigelassen, mehrfach ist neu angefangen.

[1]) K.-A. I. XXVII. 405.
[2]) Bericht von demjenigen, welches man dem General-Lieutenant v. Finck wegen der unglücklichen Action bey Maxen hat zur Last legen wollen, und dessen Verantwortung hierüber nebst den beygefügten Copien derjenigen Ordres, welche der General-Lieutenant v. Finck vor der Action vom Könige erhalten hat, welchem allen noch eine authentische Relation von dieser unglücklichen Action beygefügt ist.

Es sind nur die entscheidenden Stellen ausgezogen, ganz geringfügige Unterschiede, die für eine genaue Feststellung der Genealogie vielleicht verwertbar wären, aber für unseren Zweck unwesentlich sind, finden sich auch sonst noch.

Es lässt sich folgende Reihenfolge der Handschriften aufstellen[1]). Am Anfang steht die Handschrift G. Aus ihr sind auf der einen Seite von demselben Zwischengliede A, E, F und das „Journal" abgeleitet. Denn A, E, F stimmen unter einander in den betreffenden Stellen wörtlich überein; in Nr. II haben sie die Worte „bey Hausdorff occupiren, den rechten Flügel aber vor Maxen auf die Anhöhen" ausgelassen, was sehr leicht erklärlich ist, da das Wort Anhöhen hier zweimal vorkommt. In III fielen aus demselben Grunde „aufgefahren werden. Ferner 2 Canons a 12 Pfund. Auf der Anhöhe bey dem Schenckendorffschen Battaillon" aus, hier ist Battaillon das Stichwort.

IV ist wahrscheinlich von dem betreffenden Abschreiber aus eigener Kenntnis verbessert, in V ist eine Erläuterung hinzugesetzt und eine Bemerkung fortgelassen. Das „Journal" hat dann in seiner Vorlage nur das unverständliche „postiren" durch occupiren ersetzt.

Auf der anderen Seite folgt auf G die Handschrift C, denn diese verändert V und schiebt in VII eine wichtige Erweiterung ein, die ein Abschreiber aus seiner Vorlage wohl sicher nicht fortgelassen hätte. Eine Stufe tiefer als C steht dann einerseits B, das nur in III denselben Abschreibefehler wie A, E, F begeht, und andererseits D; denn dies bringt in I eine Verbesserung. Die kleine Aenderung ist nämlich thatsächlich eine Verbesserung. Das „Journal" und alle übrigen Handschriften, mit Ausnahme von D und II, berichten, der Generallieutenant habe den Proviantwagen die 3 Grenadierbataillone von Kleist, von Billerbeck, von Benckendorf entgegengesandt. Dann heisst es weiter, Generalmajor von Platen sei mit den Bataillonen diesseits Reinhardsgrimma stehen geblieben. Dazu kommt dann noch das Bataillon von Zastrow und trotzdem heisst es später, General von Platen erhielt die Ordre, sich mit den **drei** Bataillonen zurückzuziehen.

[1]) Vgl. die Tabelle im Anhang.

Nach D werden dagegen dem Brodtransport nur zwei Grenadierbataillone entgegengeschickt, und dann löst sich die Schwierigkeit. 3 Bataillone mögen den Befehl erhalten haben, zu marschieren, in Wirklichkeit marschierten aber nur 2, so wäre ein Irrtum derjenigen Offiziere, welche nicht zu den Bataillonen gehörten, leicht erklärlich. Dieselbe Aenderung hat dann H, das also derselben Vorlage wie D gefolgt ist.

Sehr interessant ist eine Beobachtung, die man bei G machen kann. Dieses Journal fand sich in dem erwähnten Sammelbande, der Journale aus *Scheelens* Nachlasse enthält. In demselben Bande befindet sich einige Blätter vorher das Journal F. G ist nun von fremder Hand, wohl von dem Sammler, mit F genau verglichen, und an den abweichenden Punkten ist die Lesart von F eingefügt. Man sieht daraus, mit wie grosser Genauigkeit die Besitzer der Journale bei der Abschrift und beim Lesen verfuhren, so dass man wohl annehmen kann, dass bei dem Abschreiben hin und wieder Schreibfehler, nicht aber Auslassen oder Verändern von ganzen Sätzen, wenn es nicht durch Wiederholung von gleichen Worten erklärbar ist, vorkommen konnten. Wie sehr die Abschreiber an den Worten hingen, das zeigt ja unter anderem auch die Beibehaltung des „postiren" unter II in A, E, F; oder des ersten „mit" unter VII in B, C, II. Die Beispiele dafür liessen sich häufen. Um so auffallender sind die Aenderungen, die trotzdem in einigen Journalen gemacht sind, wie unter I, IV, V, VII. Sie zeigen, dass jeder Offizier, denn es waren wohl meistens Offiziere, die sich diese Abschriften anfertigten oder anfertigen liessen, aus seiner eigenen Erfahrung kleine Aenderungen und Zusätze zu seiner Vorlage machte [1]).

Versucht man nun die „Relation" Fincks nach der Zusammenstellung ihrer Ordnung nach einzureihen, so ergiebt sich, dass sie nicht an einem Ende der Reihe steht, sondern vielmehr etwa auf eine Stufe mit C zu stellen ist. Denn in VII hat er

---

[1]) Dasselbe Verfahren wird auch im grösseren geübt, wie *Herrmann*, Forsch. z. brand.-pr. Gesch., I., 278 f. nachgewiesen hat, indem die Offiziere sich fremde Tagebücher zu verschaffen suchten, um ihre eigenen zu erweitern und zu vervollständigen.

in seiner Vorlage die genauere Nachricht über das Regiment Rebentisch nicht vorgefunden. Andererseits hat er in I dieselbe Verbesserung wie D und ist sogar noch ausführlicher, allein schon die Verschiedenheit des Wortlautes zeigt, dass Finck hier nicht etwa D folgt. Vielleicht hat der General hier selbst verbessert. IV und V machen fast den Eindruck, als ob er hier die Angaben zweier Vorlagen, wie A und C, mit einander habe vereinigen wollen.

Jedenfalls wird man nach dem obengesagten durch keine einzige der ausgezogenen Stellen beweisen können, dass Finck das Original, die übrigen Handschriften abgeleitet seien. Vielmehr haben wir eine geschlossene Reihe von acht Handschriften, deren Abhängigkeit von einander gezeigt ist, und Finck steht ausserhalb derselben, soweit man nach den Stellen urteilen kann, selbst eine Ableitung.

Nun weicht Finck aber noch in einer grossen Anzahl von Stellen ausserdem von sämtlichen Handschriften und dem Journal ab[1]). Auffallenderweise ist in allen Punkten die „Relation"

---

[1]) *Winter* behauptet S. 97: „Wir haben im vorstehenden sämtliche Abweichungen, auch die unbedeutendsten, zwischen dem „Journal" und der „Relation" zusammengestellt;" bei einer Vergleichung stellte sich heraus, dass er 15 grössere Verschiedenheiten, ohne Aenderungen einzelner Worte mitzuzählen, in seiner Zusammenstellung übersehen hat. Ich will zwei, die wohl nicht hätten ausgelassen werden dürfen, hier anführen: Fol. 5 a heisst es: „(Die Oesterreicher) formirten die Attaque, wurden aber, besonders von die Grenadier Bataillons Kleist, Benckendorff und Billerbeck repoussiret, nach wiederholter Attaque aber, hatte der Feind das Glück, das Bataillon von Grabow und nach denselben das von Zastrow zum weichen zu bringen, dessen sich der Feind sogleich zu nutz machte . . . ."

Das Journal und die Handschriften wissen nichts von einer wiederholten Attaque, sie berichten nur, „2 Bat. brachten den Feind zum Weichen, das Bataillon v. Grabow und nach demselben das Bat. von Zastrow aber, wurde durch den Feind nach einigem Widerstand über den Haufen geworfen" u. s. w.

Fol. 8 a berichtet Finck folgende Einzelheiten, die im „Journal" ganz fehlen: „Der General von Rebentisch wurde also zu diesem Ende mit einem Trompeter zum Feldmarschall Daun abgeschickt, die besten Conditiones für dem unglücklichen Corps auszuwürcken, welcher aber in nichts als einer Kriegs-Gefangenschaft willigen wollte.

Der General-Lieutenant hatte mit den General Wunsch verabredet, den ausführlicher als das „Journal"; schon das spricht, wie wir gesehen haben, gegen *Winters* Annahme. Noch mehr aber erstaunt man, wenn man sieht, dass sehr viele dieser Zusätze apologetischen Charakters sind[1]). So S. 86, wo betont wird, dass der Befehl, Dippoldiswalde unbesetzt zu lassen, vom Könige kam, so Ende S. 86. Zweimal wird in diesen Stellen[2]) der Gedanke hervorgehoben, dass der Generallieutenant auf Entsatz vom Könige gehofft habe, ein Gedanke, der mit fast denselben Worten in der Verteidigungsschrift Fincks[3]) sich findet.

Diese Sätze sind nie so gefasst, dass man einen Grund einsehen könnte, weshalb ein Abschreiber sie hätte auslassen sollen. Besonders ist das bei S. 92 zu betonen. Warum sollte der Abschreiber den General Gersdorff von der Schuld am Misslingen der Attake freisprechen und es allein auf die Verwundung Münchows zurückführen wollen? Wie wichtig gerade die Verschuldung jenes Generals nach Fincks Auffassung war, das sieht man daraus, dass er denselben Grund mit fast denselben Worten nicht nur in seiner Verteidigungsschrift[1]) anführt, sondern auch in einer Note in seiner während der Festungshaft verfassten Schrift: „Gedanken über militärische Gegenstände".[5]) Das ist sehr begreiflich, denn auf diese Weise wälzte er einen grossen Teil der Schuld an der Katastrophe auf seinen Mitangeklagten.

— — —

Feind mit pour parlés aufzuhalten, damit er dadurch Zeit gewänne fortzukommen, es war auch bereits 8 Uhr und schon heller Tag, als der General-Major von Rebentisch mit den Oesterreichischen General Graf Lascy und noch mehrere, bey dem Corps wieder ankam, und sich selbiges zu Kriegsgefangen ergab. Da nun der General Wunsch wieder alles Vermuthen nicht hatte fortkommen können, und wie schon erwähnt, noch gantz nahe bey dem Finckschen Corps stand, in Gegenwart des Feindes, von welchem er völlig umgeben war, noch viel defilées zu passiren hatte, und also durchzukommen keine Möglichkeit sahe, so musste er sich nebst seinen bey sich habenden Trouppen auch gleich den anderen zu Kriegsgefangen ergeben . . . ."

[1]) Ich zitiere im folgenden nach *Winters* Zusammenstellung.
[2]) S. 88 und 89.
[3]) *Winter*, S. 161.
[4]) *Winter*, S. 162.
[5]) Vgl. Graf *Lippe*, Rückblick auf General von Finck. Ztschr. f. pr. Gesch., XIII., S. 361. Gr. Lippe rühmt die Leidenschaftslosigkeit, welche Finck in dieser Schrift zeige.

Aehnliche Zusätze vergl. auch S. 93 und am Schluss der Relation oben S. 14 f. und *Winter*, S. 96 f., der wieder sehr viel Aehnlichkeiten mit der Denkschrift hat[1]).

Das alles widerlegt die *Wintersche* Behauptung schon hinlänglich, zwingend aber wird der Beweis durch eine Stelle, die dieser Forscher sich nicht erklären konnte[2]).

Die Tagebücher gaben sämtlich die Stärke des Restes des Finckschen Korps auf 2836 Mann an. Die „Relation" hat auch die Zahl 2836 aufgenommen, fügt aber hinzu, dass hierin die Truppen des Generals Wunsch nicht mit einbegriffen seien, dass das Korps im ganzen genommen aber nicht viel über 7000 Mann gezählt habe. Der Widerspruch, der hierin liegt, denn das Wunschsche Korps kann unmöglich 4 — 5000 Mann stark gewesen sein, lässt sich wohl nur so erklären, dass Finck in seiner Vorlage die genaue kleine Zahl vorfand, und nicht zu streichen wagte, dann aber aus eigener Kenntnis die grössere Zahl hinzusetzte. Dazu kommt noch folgendes: *Winter* kommt es sehr merkwürdig vor, dass das „Journal" den Feind 18mal, Finck ihn nur 7mal so stark macht. Das ist aber leicht erklärlich. Finck berechnete sich eben nach seiner Vorlage, der Feind muss 18×2900 ca. 50,000 M. stark gewesen sein; wenn er also seine Stärke auf 7000 erhöhte, so war der Feind dann 7mal so stark.

Nach alledem unterliegt es wohl keinem Zweifel mehr, dass das „Journal" nicht von der „Relation" abhängt, sondern dass diese eine von Finck gemachte und teilweise erweiterte Abschrift eines Tagebuches ist.

Die „Relation" ist, wie die Handschrift zeigt, wohl ungefähr zur selben Zeit[3]), wie die Verteidigungsschrift geschrieben, d. h. 3 — 4 Jahre nach den Ereignissen. Könnte nicht Finck, als er vor das Kriegsgericht gestellt wurde, sich ein Journal verschafft und abgeschrieben haben, um sich die Vorgänge noch einmal zu vergegenwärtigen? Dafür spricht auch die Aehnlich-

---

[1]) *Winter*, S. 164.
[2]) *Winter*, S. 95.
[3]) Vgl. *Winter*, S. 82.

keit zwischen mehreren apologetischen Stellen der „Relation" und der Denkschrift. Er sammelte die Gedanken für diese in jener. Dass solche Tagebücher massenhaft vorhanden waren, beweist die grosse Anzahl, die allein im Kriegsarchiv noch aufbewahrt wird[1]). Die Offiziere hatten ja während ihrer langen Gefangenschaft Zeit genug zum Schreiben.

Die Abschriften, welche später nachweislich von Fincks „Relation" genommen sind, haben auch nicht ein Wort an dem Texte geändert.

Somit fällt die Behauptung *Winters* in Betreff des Verfassers des gedruckt vorliegenden „Journals" und damit auch das Bedenken gegen seine Glaubwürdigkeit. Doch mögen noch einige Belege für die Zuverlässigkeit des Tagebuches kurz angeführt werden.

Die apologetischen Sätze, an welchen die „Relation", wie gesagt, so reich ist, fehlen gänzlich. Bis zum 19. November können wir alle Angaben an den Berichten Fincks[2]) prüfen. Da ergiebt sich freilich zunächst, dass sämtliche Fassungen des „Journals" bis zum 18. November alle Daten um einen Tag zurückschieben[3]). Der General kam erst am 18. November in Maxen an[4]), am 16., nicht am 15., in Dippoldiswalde u. s. w. Aber dieses Versehen ist bei einem Tagebuche, in dem die Daten vielleicht erst nachträglich hinzugefügt sind, oder das vielleicht gänzlich erst nach dem Ereignis geschrieben ist, nicht auffallend. Abgesehen davon sind alle Thatsachen durchaus zuverlässig berichtet. Nach dem „Journal" schickt Finck von Dippoldiswalde aus den General Wunsch mit einer Avantgarde von 5 Bataillonen, 1 Freibataillon, 2 Regimentern Dragoner und 7 Eskadrons Husaren, nach Maxen, dasselbe steht in dem Berichte an den König[5]), nur dass hier 6, statt 7 Eskadrons Husaren genannt werden. Diese bekamen dann einen Adjutanten vom General

---

[1]) Vgl. oben, S. 10.
[2]) Abgedruckt bei *Winter*, S. 134 ff.
[3]) Denselben Fehler macht auch die Verteidigungsschrift Fincks.
[4]) Vgl. s. Bericht vom 18. Nov., *Winter*, S. 140.
[5]) *Winter*, S. 137.

Brentano und etliche Gemeine gefangen; ebenso berichtet Finck[1]). Ebenso wird dann übereinstimmend erwähnt, dass Wunsch die Reichsarmee durch Mügeln nach Pirna habe defilieren sehen[2]). Und so geht es weiter, das Journal ist natürlich viel ausführlicher, aber keine einzige wichtige Nachricht liesse sich nicht durch die Akten belegen. Zum Schlusse noch einen Beweis dafür, dass auch ein Absatz, in dem man vielleicht eine Tendenz vermuten könnte, zu stützen ist. Das Journal schreibt[3]):

„Der Gen.-Lieutenant bemühete sich inzwischen durch Husaren und abgeschickte Landleute, Sr. Königlichen Majestät von allem, die gehörige Nachricht zu ertheilen. Allein die mehresten von diesen kamen die Nacht wieder zurück mit dem Vermelden, dass die Wege überall durch die feindlichen Vorposten besetzt wären. Ein gemeiner Husar aber, kam den Abend noch mit Briefen von dem Husaren-Obristen v. Kleist an, worinnen er berichtete, dass er seine Expedition in Böhmen glücklich ausgeführet habe. Weil nun dieser Husar der Gegend sehr kundig war, so wurde solcher an S. Kön. Maj. in der Nacht mit Briefen gleich wieder zurückgeschickt."

Finck meldet vom selben Tage[4]): „Die communication mit E. K. M. ist unterbrochen", und „den Augenblick schreibt mir Kleist, sein Coup ist gelungen".

Ebenso lassen sich die späteren Angaben mit *Tielke* und der österreichischen offiziellen Relation gut in Einklang bringen. Der Nachweis im einzelnen würde hier zu weit führen.

Wir haben also in dem Journal in der Sammlung ungedruckter Nachrichten von einem unbekannten Verfasser eine Schilderung, die uns über die Ereignisse auf preussischer Seite aufs genaueste unterrichtet und von einer erkennbaren Tendenz frei ist.

Diese Quelle ist mehrfach in Darstellungen verwertet worden. Ausser von den gleich zu besprechenden Autoren auch von

---

[1]) *Winter*, S. 138.
[2]) *Winter*, S. 138.
[3]) Journal, S. 598.
[4]) Maxen, 19. Nov., *Winter*, S. 142.

dem Major *Cerrini*. Dieser hat in der österreichischen militärischen Zeitschrift, Jahrg. 1841, Band 3, nach österreichischen Originalquellen einen Aufsatz über den Feldzug in Sachsen, von Ende September 1759 bis halben Jänner 1760, veröffentlicht, in welchem er das Treffen bei Maxen ausführlich behandelt[1]). Als Beleg für seine Darstellung der preussischen Aufstellungen und Bewegungen zitiert er „das oft erwähnte, einen offiziellen Charakter tragende preussische Tagebuch"[2]). Das Tagebuch ist offenbar im wesentlichen identisch mit dem eben besprochenen. Es ist nicht das in der Sammlung ungedruckter Nachrichten vorliegende Journal, denn an mehreren Stellen, wo „Relation" und „Journal" von einander abweichen, hat *Cerrini* die Angaben der ersteren. Nach ihm schickte Finck dem Proviantransport 2 Kavallerieregimenter und 2 Grenadierbataillone entgegen[3]). In der Aufstellung vertauscht er Kleist und Benckendorf[4]), er erwähnt, dass das Bataillon Lehwald Schmorsdorf verteidigt habe[5]) u. a. m. Dagegen weicht er auch wieder von dieser ab. Das Feuer währte nach ihm eine Stunde, er erwähnt Gersdorffs Schuld nicht, er giebt den Rest der Preussen mit nur 2836 Mann an[6]), und das stimmt wieder alles mit dem „Journal". Die Daten hat er korrigiert, doch lässt er auch, wie die Tagebücher, Finck irrigerweise schon am 17. November in Maxen ankommen.

Wir haben hier also als Grundlage noch eine neue Handschrift des „Journals" anzunehmen, die in manchen Punkten der Finckschen „Relation" näher steht, aber jedenfalls auch nicht aus ihr abgeleitet ist.

Bei der grossen Ausführlichkeit und Genauigkeit der Nachrichten, welche das besprochene Tagebuch bietet, ist es von vornherein anzunehmen, dass die Militärschriftsteller des vorigen

---

[1]) A. a. O., S. 33—51.
[2]) Wie es „oft erwähnt" genannt werden kann, ist nicht klar; *Cerrini* selbst erwähnt es nur zweimal, beidemal mit dem Zusatz „oft erwähnt": ebensowenig ist gesagt, weshalb er ihm offiziellen Charakter beilegt.
[3]) S. 34, vgl. *Winter*, S. 87.
[4]) Vgl. *Winter*, S. 89.
[5]) S. 44, vgl. *Winter*, S. 94.
[6]) S. 40, 41, 47.

Jahrhunderts, welche sich alles erreichbare Material für ihre Werke zu verschaffen suchten, eine so wichtige Quelle nicht unbenutzt gelassen haben. Das ergiebt denn auch eine genauere Untersuchung der beiden bedeutendsten dieser Werke, des nur handschriftlich vorhandenen *Gaudischen* Journals und der Geschichte des siebenjährigen Krieges von *Tempelhoff*.

Darstellungen und Memoiren.

Zunächst kommt als Quelle, welche bei der Darstellung jedes Ereignisses aus dem siebenjährigen Kriege heranzuziehen ist, in Betracht

Das *Gaudische* Journal[1]).

Mehrere Forscher haben nach *Dunckers* Vorgange in Einzeluntersuchungen einzelne Abschnitte daraus eingehend kritisiert, und neuerdings hat *Herrmann* eine zusammenfassende Charakteristik zu geben versucht.

So viel steht fest, dass wir es hier mit einer Darstellung zu thun haben, welche durchaus gegen Friedrich den Grossen Partei nimmt, und dass die Beurteilung, welche jener Offizier seinen Schilderungen hinzufügte, den König möglichst in ungünstigem Lichte erscheinen lässt. Andererseits kommt die neueste Untersuchung über das Journal[2]) zu dem Schlusse[3]), dass die Quellen *Gaudis* zum Teil tendenziös seien; gegen die Art aber, wie dieselben benutzt seien, soweit sie erkennbar ist, nichts Erhebliches eingewendet werden könne. Der erste Teil dieser Behauptung stützt sich zum Teil auf die Untersuchung *Winters*; mit dieser haben wir uns zunächst auseinanderzusetzen. Auch hier ist das Resultat dieses Forschers[4]), *Gaudi* habe die „Relation" Fincks oder eine ihrer Ableitungen benutzt.

---

[1]) K.-A. XXVII. 31, S. 301 ff.
[2]) Forschungen zur brand.-pr. Gesch. IV., S. 553 ff.
[3]) Forsch., S. 582.
[4]) *Winter*, S. 113.

Es ist bekannt, dass *Gaudi* einer der eifrigsten Sammler von Tagebüchern und Notizen im preussischen Heere war. Schon im Anfange des Jahres 1760 schreibt er an einen Ungenannten, wahrscheinlich *Scheelen*, in dessen Nachlasse der Brief sich befindet[1]), dass er das ganze Material über den letzten Feldzug vollständig beisammen habe bis auf einen kleinen Teil, den er durch Nachlässigkeit seines Bekannten nicht erhalten habe. Er wird also sich bemüht haben, auch über die Kapitulation von Maxen sich möglichst bald eingehende Nachrichten zu verschaffen. Die ordre de bataille des Finckschen Korps teilt er in demselben Briefe schon auf das genaueste mit.

Es gab nun, wie oben nachgewiesen ist, ein ausführliches Tagebuch über die Katastrophe, das zweifellos bald nach dem Ereignis abgefasst ist und in zahlreichen Exemplaren verbreitet war. Und da soll der Sammler nicht eins von diesen in die Hände bekommen, sondern die „Relation" benutzt haben, die erst 4 Jahre später geschrieben und, wie man aus dem Titel der einen Kopie schliessen möchte[2]), vielleicht überhaupt erst nach Fincks Tode, also 1766, bekannt geworden ist? Schon aus diesem allgemeinen Grunde wird man wohl die *Wintersche* Annahme verwerfen können.

Als Beweis für seine Behauptung hat dieser Historiker wieder längere Stellen aus *Gaudi* und der „Relation" neben einander gestellt. Es ist klar, nach dem oben Bewiesenen, dass diese Stellen nur Beweiskraft haben, wenn sie solche Abschnitte enthalten, welche der „Relation" eigentümlich sind, also vor allem die apologetischen Zusätze. Das ist aber bei allen angezogenen Stellen nicht der Fall; die einzige, in welcher man vielleicht eine gewisse Entschuldigung des Generals sehen könnte, und die *Winter* deshalb auch besonders hervorhebt[3]), findet sich auch in den handschriftlichen Tagebüchern, stammt also nicht von Finck. Die Zusätze hat *Gaudi* eben in seiner Vorlage nicht vorgefunden. Um jeden Zweifel an dem Sachverhalt zu beseitigen, sei angeführt, dass er drei Grenadierbataillone dem

---

[1]) Wilsdruff, 19. Feb. 1760, K.-A. I. XXVII. 420, S. 218.
[2]) Vgl. oben S. 11 „unter dessen Schriften gefunden".
[3]) *Winter*, S. 113.

Brodtransport entgegenmarschieren lässt¹), während Finck die richtigere Angabe hat²), dass es nur zwei gewesen seien. Dies nur ein Beispiel von mehreren.

Nun sind aber in die *Gaudische* Darstellung Bemerkungen eingestreut, welche unzweifelhaft Finck entschuldigen sollen und so bestimmt abgefasst sind, dass *Winter* auf die Vermutung gekommen ist³), die Nachrichten beruhten auf Mitteilungen des Generals selbst. Wir gehen hiermit dazu über, den zweiten Teil des Ergebnisses von *Herrmanns* Untersuchung zu prüfen, den er auch so formuliert hat⁴): „Gaudi ändert und erläutert zuweilen den Inhalt seiner Hauptvorlagen; aber diese Zusätze bezw. Umänderungen mag er den ihm neben seiner Hauptquelle zu Gebote stehenden Materialien entlehnt haben; willkürliche Entstellungen können ihm nicht nachgewiesen werden."

Die beiden Abschnitte, welche die Verteidigung Fincks enthalten, mögen hier ganz folgen⁵): „Der Generallieutenant Fink hatte dem Könige gemeldet, dass bey seiner Vorrückung von Dippoldiswalda nach Maxen er einige Trouppen bey ersterem Orte würde stehen lassen und er hatte sich erdreistet dazu zu setzen, dass ausser dieser Vorsicht er in eine sehr üble Verfassung gerathen und ausgesetzt werden könnte die Gemeinschaft mit seiner Beckerey zu Freyberg und mit der Armee selbst zu verlieren; er hatte zugleich angezeigt, dass er bey Maxen und Dohna vom Feinde fast umringt seyn würde, weil die Reichs-Armee nach Gieshübel marschieret wäre, der Feldmarschall Daun aber schon Gestern durch seine ganze Reserve unter dem General Sincere die Höhen bey Rüppgen, welche auf der Strasse, die von Dresden nach Dippoldiswalda führet, liegen, hätte einnehmen und das Brentanosche Corps biss an das Defilé von Lockwitz vorrücken lassen, dass überhaupt der Posten von Maxen nur gegen die böhmische Seite, wo er von der Müglitz gedeckt ist, keineswegs aber nach der von Dresden stark wäre, und er,

---

¹) S. 308.
²) Vgl. oben, S. 12.
³) *Winter*, S. 116.
⁴) Forsch. IV., S. 576.
⁵) S. 307.

wenn keine Trouppen bey Dippoldiswalda ständen, grosse Gefahr laufen würde, allein diese Vorstellungen wurden in ungnädigen Ausdrücken verworfen und ihm die Ordre ertheilt, die bey Dippoldiswalda stehen gebliebenen Trouppen gleich an sich zu ziehen."

Schon *Winter* hat darauf aufmerksam gemacht[1]), dass in den noch vorhandenen Berichten des Generals nirgends eine Spur von solchen Vorstellungen sich findet. Ebensowenig ist von ungnädigen Ausdrücken des Königs in seinen Ordres etwas erhalten. Es bleibt der Ausweg, dass diese Erzählung sich auf direkte Mitteilungen Fincks gründet. Wie aber lassen sich diese Angaben mit dem in Uebereinstimmung bringen, was Finck selbst in seiner Verteidigungsschrift angiebt[2])?:

„Dass ich nicht früh genung erfahren, dass der Feldmarschall Daun mit fast den gantzen zweyten Treffen in der Nacht aufgebrochen, sich mit Sincere conjungiret und nach Dippoldswalde marschiret ist, davon ist mir wohl nicht die Schuld beyzumessen."

Solche Vorstellungen wären überhaupt mit den ganzen Anschauungen des Generals, wie sie unten ausführlicher auseinandergesetzt werden sollen[3]), unvereinbar. Dagegen tritt der Verdacht sehr nahe, dass *Gaudi* die Stellung der Oesterreicher und der Reichsarmee, die er kannte, in den Bericht Fincks hineingedichtet und dass er die „ungnädigen Ausdrücke" aus der Anekdote von einer Szene zwischen Friedrich und Finck[4]) entlehnt hat.

Der zweite Abschnitt lautet[5]):

„Das was der General-Lieutenant Fink sehr wohl vorausgesehen hatte war nun schon geschehen, nemlich dass der Feind ihm die Gemeinschaft mit der Armee des Königs benommen hatte; er war mit seinem Corps nun noch mehr wie vorher eingeschlossen, und es war den Ansehen nach wenige Hoffnung übrig, dass er

---

[1]) *Winter*, S. 115 f.
[2]) *Winter*, S. 160.
[3]) Vgl. unten, Kap. III.
[4]) Vgl. unten, S. 31.
[5]) S. 310.

sich gut aus dieser Sache ziehen würde, um so weniger da man Nachmittags ein Corps von Gieshübel her über Zehista gegen Gross und Klein Sedlitz hatte defiliren gesehen, woraus man abnehmen konnte, dass auch von der Seite von Dohna ein feindlicher Angriff geschehen würde . . . . .

(Der Gen.-Lieut. bemühete sich) dem Könige von seiner misslichen Verfassung Nachricht zu geben, denn er schmeichelte sich, dass der Feind mit dem bedrohten Angriffe vielleicht noch ein Paar Tage verziehen, sich gehörig dazu bereiten und dadurch der König Zeit gewinnen würde ein Corps gegen Dippoldiswalde abrücken zu lassen . . . . ."

Auch diese Angaben sind unbeglaubigt. Man vergleiche hiermit, was Finck selbst in seiner Denkschrift S. 161 sagt, besonders den Satz: „Von der Seythe über Freyberg konte ich mir wohl keinen Succurs vermuthen, indem selbiger 2 Märsche zu thun hatte." Er glaubte also nicht, dass der Feind noch zwei Tage mit dem Angriffe warten würde. Auch hier sind wieder anderweitig bekannte Thatsachen als Ansichten Fincks gegeben worden.

Es scheint unmöglich, dass dieser je solche Auffassung, wie *Gaudi* sie giebt, gehabt und anderen mitgeteilt habe. Die Fassung beider ausgezogenen Stücke ist eigentlich überhaupt weniger für den General, als vielmehr gegen den König gerichtet. Es erscheint mir daher nicht unglaublich, dass *Gaudi* seiner bekannten Grundtendenz zuliebe hier dem General Gedanken unterlegt, die er vielleicht als notwendig voraussetzen mochte, die aber falsch sind.

Noch einige Punkte sind hier anzuführen, in denen er von den sonstigen Nachrichten abweicht. Er hat, wie schon oben gesagt, die Angabe, dass d r e i Bataillone dem Brodtransport entgegenmarschierten; trotzdem nun sämtliche übrigen Tagebücher berichten, dass nur drei Bataillone später in die Stellung hinter Hausdorf rückten, giebt er hier vier an und nennt ihre Namen. Sollte in diesem Punkte seine Vorlage von sämtlichen übrigen vorhandenen Tagebüchern abweichen?

Bei dem Angriff der Oesterreicher wird nach *Gaudi*[1]) das Bataillon Finck, welches neben Grabow und Zastrow stand, sogleich geworfen, während Kleist, Benckendorff und Heyden den Feind zurücktreiben. Nachher berichtete seine Quelle, dass Kleist und Finck zusammen aus Maxen im Rücken beschossen wären und sich vereint durchgeschlagen hätten. Um hier einen Zusammenhang herzustellen, nimmt er im Widerspruch mit den übrigen Quellen an, dass der preussische rechte Flügel sich zurückgezogen habe, sich aber dann nahe vor dem Dorfe wieder gesetzt und dass hier Finck sich wieder an ihn angeschlossen habe. Dann habe dann auch eine neue Linie formiert und die Preussen zum weiteren Rückzug auf die Schmorsdorfer Höhe genötigt. Benckendorff und Heyden auf der einen und Kleist und Finck auf der anderen Seite seien hierbei umringt und hätten sich nur mit Mühe durchschlagen können.

Ganz abgesehen davon, dass also hiernach noch ein neuer Durchbruch des Zentrums vorausgesetzt wird, der aber nicht erwähnt wird, ist es wohl kaum möglich, dass sich die preussische Linie, nachdem sie einmal von den Höhen herabgeworfen war, die ohne Absatz bis zum Dorfe sich senken, vor demselben wieder soll gesetzt haben. Weder die preussischen noch die österreichischen Quellen berichten, wie gesagt, etwas davon. Es ist nicht unwahrscheinlich, dass auch hier eine willkürliche Konstruktion *Gaudis* vorliegt, hervorgerufen durch den Versuch, den Verlauf der Ereignisse zu erklären.

Auch im übrigen nämlich zeigt es sich[2]), dass er bemüht ist, eine möglichst in sich zusammenhängende Darstellung zu geben, und dass er, wo dieser Zusammenhang in seiner Hauptquelle nicht ganz deutlich hervortritt, einen solchen klar zu machen sucht. Deshalb erläutert er einzelne Worte und Sätze seiner Quelle. Er verbessert auch z. B. in unserem Falle die Daten seiner Vorlage; denn, da sie in allen noch vorhandenen Tagebüchern unrichtig sind, so waren sie es jedenfalls auch in dem ihm vorliegenden. Solche Aenderungen, die er aus ihm

---
[1]) S. 314 f.
[2]) Vgl. *Herrmann*, Forsch. IV., S. 574, *Winter*, S. 107.

neben seiner Hauptquelle zu Gebote stehenden Materialien entnahm, wird man nur loben können, aber in den oben angeführten vier Punkten liegt die Sache doch anders.

Besonders die zuerst erwähnten Abschnitte, in denen *Gaudi* dem General unrichtige Gedanken unterlegt, lassen seine Arbeitsweise in sehr bedenklichem Lichte erscheinen. Es würde also das Resultat *Herrmanns* etwas einzuschränken sein. Soviel steht aber wohl fest, dass Finck selbst irgend welchen Einfluss auf die Darstellung nicht gehabt hat. Deshalb konnte der Verfasser auch ruhig nach seinem scharfen Urteil über den König am Schlusse eine Kritik an dem Verhalten Fincks üben[1]), ohne dadurch in den schroffen Widerspruch mit sich selbst zu geraten, den *Winter* hierin findet[2]).

Für die Darstellung der Kapitulation von Maxen ist das *Gaudische* Journal nicht zu verwerten. Wertvoll sind seine Angaben nur für die Zeit, welche das Journal in der Sammlung ungedruckter Nachrichten nicht mit umfasst; hier berichtet seine ausführliche Erzählung Thatsachen, die sich durchaus mit den Akten in Uebereinstimmung bringen lassen.

Tempelhoff

beruht, wie *Herrmann* in seiner trefflichen Untersuchung[3]) nachgewiesen hat, in seiner Darstellung des siebenjährigen Krieges fast durchweg auf zuverlässigen und guten Quellen. Vielfach hat er handschriftliche Tagebücher benutzt, die er dann zum grossen Teil wörtlich abschreibt[4]).

In dem die Kapitulation von Maxen behandelnden Abschnitt[5]) zeigt er da, wo er die Ereignisse auf preussischer Seite schildert, grosse Aehnlichkeit mit dem Journal in der Sammlung ungedruckter Nachrichten. Das hat *Winter* zu der Aufstellung

[1]) Abgedr. bei *Winter*, S. 101 ff.
[2]) *Winter*, S. 105.
[3]) O. *Herrmann*, über die Quellen der Geschichte des siebenj. Kr. von *Tempelhoff*. Diss. Berlin, 85.
[4]) *Herrmann*, S. 66 ff.
[5]) *Tempelhoff*, III., S. 353 ff

veranlasst¹), dass *Tempelhoff* dies Journal benutzt habe und also von der in Fincks Sinne gefärbten Tradition beeinflusst sei. Allein schon aus den bei *Winter* selbst angeführten Stellen kann man nachweisen, dass dem Schriftsteller weder das „Journal" noch die „Relation" als Vorlage gedient haben.

Tempelhoff S. 355 heisst es: „General Wunsch besetzte hierauf sie (die Stadt Dohna) und die hinter derselben liegende Schanze mit der Infanterie, und postirte die Husaren gegen Mügeln, Gamich und Gross-Zedlitz." Diese Stelle findet sich nicht in dem „Journal", wohl aber in der „Relation" (*Winter*, S. 86): „Der General Wunsch besetzte hierauf die Stadt und die Schantze hinter derselben, die 3 Esquadrons Hussaren wurden gegen Mugeln, Gamich und Gross-Sedlitz postiret."

Auf die Punkte, an denen *Tempelhoff* den Angaben des „Journals" und nicht denen der „Relation" folgt, hat *Winter* selbst hingewiesen²). Es hat ihm also eine handschriftliche Fassung des „Journals" vorgelegen; und zwar vielleicht eine, die noch wieder einige Zusätze mehr als die oben besprochenen hat. Dahin gehört z. B. vielleicht die Notiz³), dass die Bataillone Kleist und Schenkendorff (soll wohl heissen Benckendorff) auf dem linken Flügel den Berg herabrückten und den angreifenden Feind in die linke Flanke nahmen.

Nach dem oben Gesagten ist es wohl unzweifelhaft, dass *Winter* mit dem Teil seiner Behauptung, auf den es hier ganz allein ankommt, dass *Tempelhoff* eine tendenziöse Quelle benutzt habe, Unrecht hat. Denn auf die Unmöglichkeit, die „Relation" hier direkt als Quelle anzunehmen, hat er, wie schon erwähnt, selbst hingewiesen.

Nun finden sich aber neben der Erzählung der Thatsachen bei *Tempelhoff* mehrfach Angaben über die Absichten des Generals Finck, Auszüge aus Ordres des Königs und aus Berichten Fincks. *Winter* hat auf eine solche Stelle aufmerksam gemacht⁴) und einen Zusammenhang mit der Denkschrift des

---

¹) *Winter*, S. 119.
²) *Winter*, S. 121, 122 ff.
³) *Tempelhoff*, S. 361.
⁴) *Winter*, S. 40 ff.

Generals vermutet. Nimmt man dazu, dass kürzlich eine Nachricht veröffentlicht ist[1]), wonach wahrscheinlich die Denkschrift handschriftlich verbreitet war, so wird man die äussere Möglichkeit zugeben müssen, dass *Tempelhoff* die Verteidigungsschrift gekannt und benutzt habe.

Zur Vergleichung lasse ich einige Stellen folgen, die mir ausser der von *Winter* angezogenen besonders ähnlich scheinen:

Tempelhoff, S. 355.	Denkschrift (*Winter*, S. 159).
Der König erhielt in Wilsdruf das Schreiben vom General Fink, in welchem dieser ihm meldete, dass er seine Stellung bei Maxen genommen und Dippoldiswalde besetzt hätte: dass es besser sein würde, wenn er das ganze Korps zusammenzöge, denn dadurch wäre er im Stande, den Feind mit mehrerem Nachdruck zu empfangen. Ueberdies könnten die wenigen Bataillone bei Dippoldiswalde bald über den Haufen geworfen werden, weil der Feind gewiss mit einer starken Macht ankommen würde, wenn er	Auf den Rapport, den ich dem Könige von meiner Position machte, erhielte ich die Antwort Nr. 7 (Es ist der P. K. XVIII., S. 648 abgedruckte Brief, welcher der Denkschrift als Nr. 7 angehängt war. Hier heisst es:) und gebe Euch darauf zur Antwort, dass Ihr besser thut, mit dem ganzen Corps hinzumarschiren, und da sie vielleicht stark kommen möchten, würden selbige Euer detachirtes Corps über den Haufen werfen.

[1]) In den Forsch. z. br.-pr. Gesch. III., S. 542 veröffentlichte *Schneider* einen Brief des Grafen Kalckreuth an *Tielke* vom 12. Nov. 1782, worin es heisst: „Ich habe vor 4 Wochen, die berühmte aber wie ich nicht anders weiss sehr rare defensions Schrift des unglücklichen G^{al}. Finck wegen der affaire von Maxen erhalten, aber noch nicht die Zeit gehabt sie zu lesen." Der Herausgeber nimmt an, dass die „Relation" gemeint sei, ich glaube, dass es viel näher liegt, an die Denkschrift Fincks zu denken, in der es Eingangs ausdrücklich heisst: „so habe dieses zu meiner eigenen Beruhigung und Defension aufgesetzt." Ein Auszug aus der Denkschrift ist übrigens mit einigen der angehängten Aktenstücke schon 1790 im Neuen Militärischen Journal III., S. 49 ff veröffentlicht worden. Zwei Abschriften der Denkschrift befinden sich ausserdem, wie oben erwähnt, im Kriegsarchiv. Sie war also bekannt.

etwas unternehmen wollte. Hierauf gab der General Fink sogleich den Generalen Lindstädt und Vasold Befehl, zu ihm zu stossen, liess aber doch die 3 Schwadronen Husaren stehen, um auf die Strasse nach Dresden Patrouillen zu schicken.

..... Er meldete auch sogleich dem König, dass er dessen Befehl befolgt habe, dass nunmehr aber dem Feinde der Weg, wo er allein durchkommen könnte, um ihn anzugreifen, völlig offen wäre. Zugleich machte er ihm eine Beschreibung von der Stellung des Feindes;

dass der General Sincere hinter Possendorf,

der General Brentano bei Nickern und Söbringen,

die Reichsarmee aber in der Gegend von Cotta bei Gross-Sedlitz stände. Hierauf erhielt der General Fink keine

Auf selbige zog ich sogleich die Generals Lindstädt und Vasold an mir und liess nur die drey Esquadrons Hussaren stehen, um Patrouillen zu thun und mir Nachrichten von des Feindes Bewegungen zu geben:

Dem Könige meldete ich, wie ich auf dessen Befehl die Generals Lindstädt und Vasold an mich gezogen hätte, dass nunmehro aber das Loch bey Dippoldswalde völlig offen wäre, und machte Ihm zugleich die Beschreibung von der gantzen feindlichen Position (die Stellung wird in einem NB., welches Finck in den Anhang zwischen die Ordres Nr. 7 und 8 eingeschoben hatte, folgendermassen beschrieben:) Ich meldete hierauf dem Könige, dass Sincere auf dem linken Flügel der feindl. Armée campire, auf den Höhen hinter Possendorf; um die linke Flanque der feindl. Armée zu decken; Brentano hingegen stünde in der Gegend von Nickeren und Söbringen, um den Rücken des Feindes zu decken, die ganze Reichs-Armée stünde aber in der Gegend von Cotta bis gross Sedlitz.

Antwort, und da der Feldmarschall Daun einige Briefe dieses Generals und auch ein Schreiben vom Könige an ihn auffing, so ist es wahrscheinlich, dass entweder der König das Schreiben, oder der General Fink die Antwort darauf nicht erhalten hat. Dies ist um so wahrscheinlicher, da der König noch den 18ten Abends, nach einem von dem General Zieten empfangenen Rapport an den General Fink schrieb: (folgt das Schreiben P. K., S. 651 mit Einlage wörtlich).

Dies Schreiben erhielt der General Fink zwar, und er hätte sich daher auch aus der Falle ziehen können: allein er wollte sich nicht dem Vorwurf aussetzen, dass er aus Furcht seinen Posten verlassen, und die von dem König mit eigner Hand zugesetzte Nachschrift schien ihm ein Befehl zu sein, seinen Posten zu behaupten, weil er sonst so wenig mit der Reichsarmee als mit dem General Sincere einen Gang haben konnte, da jene bei Cotta und diese bei Possendorf stand.

Er hielt es überdies beinahe für unmöglich, dass der König

Der Feldmarschall Daun sagte mir bey der Gefangennehmung, wie er aus einen meiner Rapports am Könige und aus einen Schreiben des Königes an mir, welche beyde er aufgefangen, ersehen hätte, dass ich sehr gute Vorstellungen müste gemacht haben.

Nr. 9 im Anhang.

S. 160.
Womit hätte ich mich alsdann rechtfertigen wollen: würde es nicht geheissen haben, er hat aus einer Furcht und als ein schlechter Mensch seinen Posten verlassen? . . . .

wie konte ich auch mit die Reichs-Armée und Sincere eine Action haben, da die eine bei Cotta, der andere bey Possendorff stunde, wenn ich nicht in meiner Position bey Maxen stehen blieb?
. . . . so schiene es mir fast unmöglich und unglaublich zu

nicht bei Zeiten von dem Marsch des Feindes unterrichtet werden sollte.

seyn, dass Ihro Majestät nicht bey Zeiten von allen hätten Nachricht bekommen sollen.

Diese Abschnitte lauten so ähnlich, dass man es wohl als sehr wahrscheinlich bezeichnen kann, dass *Tempelhoff* die Verteidigungsschrift Fincks verwertet habe. An und für sich würde das kein Vorwurf für ihn sein. Denn er durfte wohl kaum hoffen, authentischere Nachrichten über die Ansichten Fincks und vor allem über die Ordres des Königs zu erhalten, als wenn er die Denkschrift dieses Generals selbst benutzte. Und er benutzte sie nicht kritiklos, das beweist der kleine Zusatz, „und er hätte sich daher auch aus der Falle ziehen können." Das wenige, was er ohne Kommentar zur Entschuldigung Fincks übernommen hat, wird nicht ausreichen, um irgend einen Vorwurf oder ein Bedenken gegen seine Darstellung zu begründen. Einiges hiervon lässt sich sogar vielleicht halten.

Dass sich die Anekdote von der Szene zwischen Finck und dem Könige[1]) auf Thatsachen gründet, ist wohl möglich. *Tielke* beweist hier zwar nichts; denn er kann mittelbar aus der Denkschrift geschöpft haben; aber es lassen sich innere Gründe dafür anführen. Finck giebt selbst einen Grund an, der zur Erklärung der Szene völlig ausreicht. Er sagt nämlich[2]): er habe Befehl bekommen, noch denselben Tag abzurücken, da aber seine Bagage und Artillerie noch zurück gewesen sei, so habe er deshalb persönlich Vorstellungen beim Könige gemacht. Dieser habe ihn heftig angefahren, schliesslich aber habe der General erreicht, dass er erst den folgenden Tag zu marschieren brauchte. Finck hat dann nachträglich als Grund für seine Vorstellungen sein Widerstreben gegen den ganzen Zug überhaupt hinzugedichtet; und in diesem Sinne allein ist die Anekdote dann von allen späteren Geschichtsschreibern weitererzählt worden. Für die Richtigkeit der Thatsachen, wie sie oben dargestellt sind, sprechen die Akten.

---

[1]) Sie ist, wie *Winter* vermutet (S. 40), wohl ebenfalls aus der Denkschrift entnommen.
[2]) *Winter*, S. 158.

Am 14. November befiehlt der König[1]) dem General, „sogleich" aufzubrechen, trotzdem ist noch der erste Bericht Fincks[2]) vom 15. aus Augustusberg bei Nossen datiert, und er bricht erst am 15. auf. Die Ausdrucksweise des zweiten Berichts von Finck lässt, wie *Winter* bemerkt, auf vorhergegangene Vorwürfe des Königs schliessen.

Für die übrigen Abschnitte seiner Darstellung mag *Tempelhoff Tielke* zu Grunde gelegt haben, wie *Winter* auseinandersetzt[3]), obgleich die Uebereinstimmung nicht so zwingend ist, dass man es unbedingt annehmen müsste. Die Kritik konnte der Verfasser sehr wohl selbst hinzufügen, und die einzelnen wenigen Notizen, welche bei beiden vorkommen, konnte er auch von anderer Seite erfahren haben.

Die Untersuchung hat von neuem gezeigt, dass *Tempelhoff* im einzelnen durchaus bemüht war, sich genaue authentische Nachrichten zu verschaffen und dass er diese im ganzen mit grossem Geschick und gutem Urteil verwertet hat.

Für unseren Zweck kommt seine Darstellung nicht in Betracht, weil er ausser einer kleinen Notiz, die durch *Tielke* beglaubigt ist, nichts Originales mitteilt. Auch er ist nur für die Darstellung der früheren Ereignisse zu verwerten.

Die kurze Schilderung, welche

Friedrich der Grosse

selbst in der sogenannten histoire de la guerre de sept ans[4]) von der Kapitulation von Maxen bietet, kann als Quelle nicht benutzt werden. Sie ist so durch und durch tendenziös, dass man ihre Entstehung nur begreift, wenn man bedenkt, wie schwer der König von dem unerwarteten Verluste getroffen wurde, wie die Kapitulation von Maxen der furchtbarste Schlag ist, welchen er während des ganzen Krieges erlitten hat. Dazu muss man hinzunehmen, dass Friedrich auch sonst die Neigung zeigt, die

---

[1]) Pol. Korr. XVIII., S. 634.
[2]) *Winter*, S. 135.
[3]) *Winter*, S. 123 ff.
[4]) Oeuvres V., S. 28 ff.

Schuld für verunglückte Unternehmungen auf seine Unterführer abzuwälzen[1]).

Es ist schwer, die Grundlagen aufzufinden, auf die er manche Angaben hat aufbauen können.

Dass der König schreibt[2]): „Il (Daun) détacha M. Brentano à Dippoldiswalda; c'était le signal auquel M. de Finck devait se retirer," ist noch aus dem natürlichen Gefühl, sich zu rechtfertigen, zu erklären. Ganz ähnlich schreibt er schon gleich nach der Katastrophe an Finckenstein, an Knyphausen[3]). Thatsächlich ist die Behauptung unrichtig. Der Beweis wird, um Wiederholungen zu vermeiden, unten in der Darstellung gegeben werden.

Jeden Anhaltspunktes entbehrt ferner der Satz[4]): „il (Finck) confia une des principales (montagnes) aux husards de Gersdorff, comme si la cavalerie était faite pour défendre des postes." Wenn dieser Abschnitt der histoire erst 1763 verfasst ist, so ist es möglich, dass diese Angabe durch die Akten des Kriegsgerichts veranlasst ist; denn dieses hatte einen grossen Teil der Schuld an der Katastrophe Gersdorff zugeschoben[5]), allerdings aus einem ganz anderen Grunde, als hier angegeben wird.

Die Gehässigkeit des Tones tritt besonders in folgendem Satze hervor[6]): „M. de Wunsch voulut percer avec la cavalerie; M. de Finck et ses collègues, plus attachés à leur bagage qu'à leur réputation, lui interdirent toute hostilité."

Daneben kommen unbedeutendere thatsächliche Unrichtigkeiten vor, wie: dass Friedrich aus den 40 Mann, welche Gersdorff bei Dippoldiswalde gefangen genommen hatte[7]), macht, dass die Reichsarmee 400 verloren habe[8]). Die unrichtige Be-

---

[1]) Vgl. das Urteil über die Uebergabe von Dresden. V., S. 23.
[2]) S. 29.
[3]) Pol. Korr. XVIII., S. 656, 658.
[4]) S. 29.
[5]) Vgl. *Winter*, S. 154.
[6]) S. 30.
[7]) Fincks Bericht Dippoldisw. 16. Nov. 59. *Winter*, S. 137.
[8]) S. 29.

zifferung des Finckschen Corps¹) auf 16 Bat. und 35 Esk.²)
findet sich ebenso in den Briefen des Königs³).

Vilmar behauptet⁴), das scharfe Urteil des Königs sei wesentlich von einem Briefe des Generals Wunsch an seine Frau beeinflusst worden, welcher dem Könige zugesandt und dann von ihm zurückbehalten wurde. Aber hier gesteht der General ausdrücklich⁵): „ich würde zwar Ohnrecht thun, wenn ich sagen thäte, der Herr General Finck ist daran Schuld," und auch sonst findet sich in dem Briefe kein Anhaltspunkt für diese Aufstellung.

Vielleicht stützt Friedrich sich auf Erzählungen und Gerüchte, die bald nach der Katastrophe im Lager umliefen. So heisst es in einem Privatbriefe an Schlabrendorff⁶): „Man glaubet, dass der commandirende General dereinst einen sehr schweren Stand haben wird, zumahl der General Wunsch der Capitulation bis auf die letzte Stunde nicht allein widersprochen, sondern auch den Tag vorher so wohl, als auch in der Nacht von 22t. bis den 23ten die Retirade proponiret haben soll . . . ."

Man wird den König einer absichtlichen Entstellung des Thatbestandes nicht beschuldigen können, es lassen sich Gründe und Veranlassungen für seine Auffassung finden; aber auf der anderen Seite wird man zugeben müssen, dass er an dieser Stelle durchaus als Partei auftritt und weit entfernt ist, offen seine eigenen Fehler einzugestehen.

Von allen Darstellungen aus dem vorigen Jahrhundert über die Kapitulation ist es eine einzige, welche wirklich selbständige und zuverlässige Nachrichten bietet.

¹) Vgl. Vilmar, über die Quellen der hist. de la guerre de sept ans. Diss. Strassb. 88, S. 28 f.
²) S. 30.
³) An Finckenstein, P. K., S. 655, an Prinz Ferdinand, P. K., S. 665.
⁴) S. 53.
⁵) Abgedr. P. K., S. 671. Winter, S. 148 f.
⁶) Meissen, 25. Nov. 1759. K.-A. I. XXVII. 436, S. 5 f.

Tielke[1]).

Tielke war im Jahre 1759 dem General Grafen Zamoisky als Feldingenieur beigegeben[2]) und als solcher im Hauptquartier der Daunschen Armee. Sehr wahrscheinlich ist er also selbst mit bei Maxen gewesen, und sein Bericht verdient um so grösseres Vertrauen, als wir ihn als sehr ruhigen, objektiven, scharfblickenden und durch und durch zuverlässigen Menschen kennen[3]).

Einen Teil seiner Erzählung hat er aus der österreichischen offiziellen Relation entlehnt, die er selbst als Anhang abdruckt; aber doch bei weitem nicht so viel, wie *Winter* anzunehmen scheint[4]). Von den 23 Seiten, welche seine Darstellung umfasst, sind etwa 7 aus der Relation geschöpft. Das übrige beruht wohl teils auf eigenen Beobachtungen, teils auf Mitteilungen gefangener preussischer Offiziere, die er selbst mehrfach zitiert.

So hat *Tielke* mehrere originale Notizen über die Preussen, die wohl nicht ohne weiteres zu verwerfen sind. Seine Nachricht z. B., dass beim Angriff auf die Maxener Höhen 2 preussische Bataillone den Oesterreichern in die Flanke zu kommen versucht hätten, wird durch *Tempelhoff* gestützt, der hier nicht aus derselben Quelle geschöpft haben kann, weil er die Namen der Bataillone nennt. Einen anderen Beleg für seine Angaben führt *Winter* S. 118 an. Nur in der Einleitung ist *Tielke* ungenau, er lässt den König schon am 11. November und in Torgau ankommen, während dieser sich, ohne Torgau zu berühren, erst am 14. bei der Armee einfand. Ebenso hat er den Fehler unserer sämtlichen Quellen, dass Wunsch schon am 16. nach Maxen, Finck am 17. dahin gerückt sei. Aber diese kleinen Versehen[5]) sind leicht erklärlich bei dem Gegner der Preussen, der sich ganz auf Erkundigungen bei Offizieren verlassen musste,

---

[1]) *Tielke*, Beyträge zur Kriegs-Kunst und Geschichte des Krieges von 1756 bis 1763, I. Stück.

[2]) Forsch. z. br.-pr. Gesch. III., S. 502 ff.

[3]) Vgl. seine Lebensbeschreibung. Forsch. z. br.-pr. Gesch. III., S. 493 ff.

[4]) *Winter*, S. 117 „*Tielkes* Darstellung beruht in allem Wesentlichen auf der österreichischen offiziellen Relation."

[5]) Einzelne dieser Versehen werden in den Verbesserungen am Schlusse, S. 131 ff. berichtigt.

die offenbar sämtlich mit den Daten nicht ganz genau umgingen. Dass er auch von den Gegenvorstellungen Fincks beim Könige und von dem Verlaufe des Kriegsgerichts weiss, ist bei seinen ausgebreiteten Verbindungen nicht wunderbar.

Tielke ist die genaueste und zuverlässigste Quelle für die Ereignisse auf österreichischer Seite[1]).

Die spätere Memoirenlitteratur[2])

bringt über die Thatsachen nichts Neues. Die Verfasser behandeln das Ereignis nur ganz kurz und ohne grosse Klarheit. Das Eigentümliche sind hier, namentlich bei *Retzow*, die ausführlichen taktischen und strategischen Erörterungen, welche daran angeknüpft werden und die bekannte Tendenz gegen den König deutlich hervortreten lassen.

Zu erwähnen ist aber doch, dass der Gedanke *Retzows*[3]): „Er (Pr. Heinrich) bäte daher den König, mit etwas weniger Uebereilung zu Werke zu gehen, und bloss durch gut gewählte Demonstrationen der abgesonderten Corps, den Feldmarschall Daun theils in die Nothwendigkeit zu versetzen, seinen Rückzug zu beschleunigen, theils durch ein passiveres Verhalten ihm gewissermassen einen Vorschub zu leihen, seinen beabsichtigten Rückzug zu beschönigen," welcher namentlich *Bernhardi* Anlass zu ironischen Bemerkungen giebt[4]), in ganz ähnlicher Weise von dem Verfasser des „Journals des Feldzugs von 1759 von einem Königl. Preussischen Offizier"[5]) ausgesprochen ist, bei dem von Tendenz nicht die Rede sein kann. Dieser sagt nämlich: „Einen retirirenden Feind arretire man ja nicht; man er-

---

[1]) Eine zusammenfassende Würdigung seines Werkes vgl. in dem erwähnten Aufsatz von *Schneider*, Forsch. z. br.-pr. Gesch. III., S. 493 ff.
[2]) *(Warnery)*, Campagnes de Frédéric II. de 1756 à 1762. Par M. de W. 1788. S. 342 ff. *(Retzow)*, Charakteristik der wichtigsten Ereignisse des siebenjährigen Krieges. Von einem Zeitgenossen, 1802. II., S. 168 ff. Paroles du Feld-Maréchal Kalckreuth, 1841. S. 202 ff.
[3]) S. 169.
[4]) *Bernhardi*, Friedrich d. Gr. als Feldherr, I., S. 459.
[5]) *Bellona*, XVII. Stück, S. 18.

hält sonst dasjenige, was er gutwillig gethan haben würde, nur mit Schaden, oder auch manchmal gar nicht, wie der Ausgang dieser Campagne gezeigt hat." Der Gedanke muss den damaligen Strategen also doch nicht so absurd vorgekommen sein.

Der Bericht *Kalckreuths* ist voller Irrtümer und Entstellungen und von der grössten Gehässigkeit gegen den König. Bemerkenswert ist aber, dass *Kalckreuth* Finck nicht in Schutz nimmt. Der König hat zwar nach ihm durch seinen Uebermut das Unglück hervorgerufen, aber[1]) „Déjà le Roi avait écrit au général Finck, que si sa position était dangereuse, il dépendait de lui de se tirer d'affaire comme il pourrait, qu'il en laissait le soin à son expérience militaire. Le général Finck a reçu cette lettre à temps ..... Le général dit dans sa relation que le 19, veille de la malheureuse journée, il avait reçu, par le major Haugwitz qu'il avait laissé avec trois escadrons à Dippoldiswalda, la disposition de l'ennemi telle qu'elle a été executée, et qu'en même temps étaient arrivés huit déserteurs de huit régimens différens qui marchaient, sous le général Sincere, de Dresde à Dippoldiswalda; ainsi neuf voix d'avertissement, tandis que je soutiens que deux voix portées de deux points différens, font en rapport militaire une certitude."

Es braucht nicht gesagt zu werden, dass diese Beschuldigungen völlig grundlos sind; um so mehr sprechen sie aber gegen die Annahme *Winters*, dass General Finck in engen Beziehungen zu den Missvergnügten gestanden habe, welche sich um den Prinzen Heinrich sammelten.

Archenholtz[2]) beruht hier grösstenteils auf *Tempelhoff*, ganze Abschnitte stimmen fast wörtlich überein (S. 4, S. 5 halb, S. 6 halb, S. 7 halb). Merkwürdigerweise weicht er in der Schilderung des Kampfes, die sehr kurz und unklar ist, von seiner Vorlage ab, und seine Darstellung stimmt hier ganz überein mit der, welche Eichel in einem Briefe an Finckenstein[3]) giebt; wahr-

[1]) S. 205.
[2]) *Archenholtz*, Geschichte des siebenjährigen Krieges in Deutschland. 1793. II. S. 3 ff.
[3]) P. K. XVIII., S. 663.

scheinlich hat er sie also, wie dieser, von einem Augenzeugen, der selbst nicht so ganz genau Bescheid wusste.

Cogniazo[1]) giebt lediglich Betrachtungen, die mit den Oesterreichern ebenso scharf ins Gericht gehen, wie sie Friedrich enthusiastisch loben.

[1]) Geständnisse eines Oesterreichischen Veterans, III., S. 97 ff.

II. Vorgeschichte.

Die Auffassung, welche König Friedrich von seiner Lage hatte, als er Mitte November den Oberbefehl über das Heer in Sachsen übernahm.

König Friedrich hatte sich nach kurzer Zeit der Verzweiflung, die ihn befiel, als er die furchtbare Niederlage von Kunersdorf erlitten hatte [1]), bald wieder mit der ihm eigenen Elastizität des Geistes aufgerafft und begann die Folgen des Unglücks abzuwenden und die Unentschlossenheit und Uneinigkeit der Feinde sich zu Nutze zu machen. Doch wurden die Friedenspläne, welche die preussische Politik in den letzten Monaten verfolgt [2]) und die allmählich schon eine greifbare Gestalt angenommen hatten, von immer grösserer Wichtigkeit. Hatte der König schon im Anfang des Jahres den Frieden für wünschenswert erklärt, so schien ihm dieser jetzt geradezu eine Notwendigkeit.

Es war beschlossen worden, mit der Erklärung Preussens und Englands so lange zu warten, bis günstige Erfolge auf beiden Kriegsschauplätzen die beiden Mächte in den Stand setzten, ihre Anerbietungen zu machen, ohne in den Verdacht zu kommen, dass sie es aus Schwäche thäten [3]). Jetzt verzichtete Friedrich auf diesen Vorteil, er hoffte alles von dem Ueber-

---
[1]) Vgl. P. K. XVIII., S. 482.
[2]) Vgl. *Schäfer*, Gesch. des 7jähr. Kr. II., 1, S. 427 ff.
[3]) Vgl. *Schäfer*, S. 434.

gewicht, das die Engländer über ihre Feinde erlangt hatten, und wollte aus den Händen Pitts, auf dessen Festigkeit und gute Gesinnung er vertraute, gerne den Frieden als Geschenk entgegennehmen [1]).

So äusserte er sich noch 3 Wochen nach dem Unglückstage, aber wenige Tage darauf war seine Stimmung schon wieder etwas günstiger. Aus Sachsen, wo Wunsch mit grossem Geschick und Glück die Reichstruppen vor sich her trieb [2]), und aus Schlesien, das Prinz Heinrich sicherte, ohne vom Feinde sehr beunruhigt zu werden, waren gute Nachrichten eingelaufen, vor allem aber seine Hauptfeinde, die Russen und Daun, unternahmen nichts Entscheidendes und schienen auch gar nicht die Absicht zu haben, es zu thun. Die Hoffnung tauchte in der Seele des Königs auf, dass er am Schlusse des Feldzuges die Länder wieder in demselben Umfange werde besetzen und behaupten können, wie im Vorjahre [3]). Diesem Gedanken Wirklichkeit zu verleihen, dahin ging sein Streben.

Als der Kommandant von Dresden, dem in der ersten Zeit der Bestürzung Vollmacht zur Uebergabe erteilt war, diesen wichtigen Stützpunkt dem Feinde ausgeliefert hatte, da berührte ihn dieser neue Schlag wohl schmerzlich [4]), entflammte aber seine Thatkraft nur zu neuen Anstrengungen. Während er selbst den Russen gegenüber stehen blieb und beobachtete, entsandte er einen der fähigsten Generäle, den er hatte, Finck, nach Sachsen und spornte ihn immer von neuem an [5]), die ihm gegenüberstehenden Reichstruppen zu schlagen und Dresden so

---

[1]) An Knyphausen, Waldow, 1. Sept. 59. P. K. XVIII., S. 512. Si la prépondérance des Anglais et les grands avantages qu'ils ont sur nos ennemis, étaient dirigés à notre soutien par les vues honnêtes et désintéressées du sieur Pitt, ce serait, je crois, un moyen infaillible de nous sauver d'une chute certaine.

[2]) Vgl. P. K. XVIII., S. 513 ff.

[3]) An Pr. Heinrich, Waldow, 5. Sept. 59. Pr. K. XVIII., S. 515. La campagne se finira comme elle est commencée, et nous conserverons le même terrain que nous avons eu l'année passée, et voilà tout ce que nous pouvons faire.

[4]) An Finck, Waldow, 7. Sept. 59. P. K. XVIII., S. 521. Dieser Umstand verschlimmert wieder unsere Umstände auf ein merkliches.

[5]) Vgl. P. K. XVIII., S. 521 ff.

bald als möglich wiederzugewinnen. Einstweilen war die Aussicht auf Erfolg noch sehr unsicher und wenn der Gedanke, endlich doch wieder die Stellungen des letzten Winters behaupten zu können, auch immer in den Briefen dieser Zeit wiederkehrt[1], so begegnen doch ebenso oft Klagen über die Ungunst der Lage und die Gefahren, in welchen sich Heer und Staat befanden[2].

Die Russen erforderten die angestrengteste Aufmerksamkeit und bewegten sich nur sehr langsam rückwärts, auf der anderen Seite stand Daun in bedrohlicher Nähe des Corps in Sachsen und konnte hier Entwürfe hemmen und alle Errungenschaften in Frage stellen.

Aber die Verhältnisse besserten sich allmählich. Durch einen schnellen und kühnen Marsch gelang es dem Könige, seinem Gegner, der Glogau belagern wollte, zuvorzukommen und dessen Absicht zu vereiteln, während gleichzeitig sein Bruder durch einen ebenso bewunderungswürdigen Zug das österreichische Haupttheer umging und in Sachsen einrückte. Damit wuchs denn auch die Zuversicht Friedrichs, und die Hoffnung auf ein glückliches Ende belebte sich mehr und mehr.

In England hatte der preussische Gesandte aus der Ferne die Ereignisse kühler beurteilt, als sein Herr und die Minister in Berlin, und deren eifrigem Drängen nicht nachgegeben[3]. Im ruhigen Fortgange der Verhandlungen war man endlich dahin gelangt, den Entwurf zu einer Deklaration der beiden verbündeten Mächte an ihre Gegner festzusetzen und den Zeitpunkt

---

[1] Vgl. unter anderem an Finckenstein, Waldow, 16. Sept. 59. P. K. XVIII., S. 544 f. La scène a changé ici .... peut être que vers l'hiver nous nous retrouverons sur le pied de l'année passée. An Pr. Heinrich, Suchow, 24. Sept. 59. P. K., S. 559. Je crois donc, que je reviendrai en Saxe sur la fin de la campagne, et que la prise de Dresde en fera la clôture.

[2] Vgl. an Finckenstein, Waldow, 15. Sept. 59. P. K., S. 543. Si vous pensez que mes embarras cessent, vous vous trompez beaucoup. An Pr. Heinrich, Eckersdorf, 22. Sept. 59. P. K., S. 557. Toutes nos affaires sont en l'air, il n'y a que des heureux hasards et les fautes de nos ennemis qui puissent nous sauver.

[3] Vgl. den Bericht Knyphausens. London, 28. Aug. bei *Schäfer*, II. 1, S. 567 f.

ihrer Veröffentlichung nur noch von dem Ausgange des Feldzuges in Amerika abhängig zu machen[1]).

Als der Bericht von dieser Konferenz im Hauptquartier eintraf, war der Feldzug gegen Soltykoff und Laudon so gut wie beendet. Friedrich der Grosse sah seinen Wunsch zur Hälfte verwirklicht, im Osten behauptete er dieselben Grenzen, wie im Vorjahre; er zweifelte nicht daran, dass auch im Westen der Endzweck erreicht werden würde. Gelang das aber, so hatte doch auch Preussen seinen Feinden empfindliche Verluste beigebracht; man konnte, zumal die Erfolge Englands überraschend grossartig waren und Pitt nach wie vor Bündnistreue versicherte, daran denken, Bedingungen für den Frieden zu stellen: kurz man befand sich ungefähr in derselben Lage, wie vor der verhängnisvollen Schlacht.

Es ist bezeichnend für das sanguinische Temperament des preussischen Königs, dass er jetzt das, was er wünschte, schon als so gut wie geschehen, als sicher ansah. Mehrmals erklärte er Mitte November für den Termin[2]), bis zu welchem Daun unfehlbar nach Böhmen zurückgedrängt sein würde. So überraschte er denn jetzt seine Minister mit den Gedanken, dass man auf die Deklaration verzichten könne[3]), da man in der Lage sei, den Frieden zu diktieren, und dass er beim Friedensschlusse namhafte Entschädigungen zu erlangen hoffe. Zum ersten Male[4] spricht er seine geheimen Absichten, die er wohl während des ganzen Krieges nicht aus den Augen verloren hatte, offen aus. Schon vor anderthalb Jahren hatte er seinem Vertrauten Knyphausen Andeutungen darüber gemacht[5]), jetzt stellt er verschiedene bestimmte Forderungen auf. Es soll vorgeschlagen werden, entweder dass jeder behält, was er beim Friedensschluss besetzt hat.

[1]) Immediatbericht Knyphausens, London, 28. Sept. P. K., S. 591.
[2]) An Fouqué, Zerbau, 4. Okt. 59. P. K., S. 575 und an Pr. Heinrich, Zerbau, 6. Okt. P. K., S. 582.
[3]) An Finckenstein, Koeben, 30. Okt. P. K., S. 612. Tout ceci, ce me semble, peut dispenser l'Angleterre de la déclaration dont nous étions convenus. Vgl. an Finckenstein, Glogau, 5. Nov. P. K., S. 621 f.
[4]) An Knyphausen, Sophienthal, 12. Okt. P. K., XVIII., S. 592.
[5]) An Knyphausen, 21. Mai 58. P. K. XVII., S. 25.

also mit anderen Worten, dass Preussen Sachsen bekommt, denn dies hoffte der König ja dann in seiner Gewalt zu haben, oder es soll wenigstens die Niederlausitz oder die Anwartschaft auf polnisch Preussen nach dem Tode des Königs oder irgend ein vorteilhaftes Territorium erhalten[1]), und Sachsen soll entschädigt werden. Auch hier tritt wieder die Geringschätzung der preussischen Besitzungen am Rhein und daneben Ostpreussens hervor, der König würde sie gern als Entschädigungen für andere nahe gelegene vorteilhafte Erwerbungen abtreten.

Friedrich scheint in diesen Erlassen als seine Absicht klar auszusprechen, dass er günstig gelegene Erwerbungen machen wolle, gleichviel wo[2]). Sollten aber alle diese Territorien, deren Erwerb als wünschenswert bezeichnet wird, für ihn wirklich gleichen Wert haben?

Vielleicht ist doch, wie *Lehmann* es für das Projekt von 1758[3]) annimmt, der Nachdruck auf Sachsen zu legen. In diesen beiden Schreiben, die doch immer nur einleitende Grundgedanken für eine spätere Verhandlung geben sollten, (Friedrich selbst bezeichnet sie als canevas), hat er wohl kaum für richtig gehalten, seine geheimsten Wünsche mit voller Schärfe auszusprechen. Man muss sich den Charakter der damaligen diplomatischen Sprache vor Augen halten, dann wird man sofort zugeben, dass, wenn der preussische König wirklich vor allem den Erwerb von Sachsen wünschte, er sich wohl gehütet hätte, dies Land allein in der Verhandlung zu erwähnen, selbst seinen vertrautesten Ratgebern gegenüber. Erst musste der Gedanke von Erwerbungen überhaupt erörtert, dann konnten spezielle Vorschläge gemacht werden.

Warum hat er immer und gerade in dieser Zeit, wo Friedensverhandlungen in Aussicht standen, so viel Wert darauf gelegt, gerade Sachsen völlig in seiner Gewalt zu haben? Schlesien hatte er erworben, indem er es besetzte und die Feinde daraus

---

[1]) An Finckenstein, Koeben, 30. Okt. 59. P. K. XVIII., S. 612, werden auch Hildesheim und Mecklenburg genannt.
[2]) So nimmt *Koser*, Forsch. z. br.-pr. Gesch. II, S. 257, an.
[3]) Hist. Zeitschr., Bd. 61, S. 290.

verdrängte; welcher Gedanke liegt näher, als dass er Sachsen in derselben Weise zu erringen hoffte? Jedenfalls wird man aus methodischen Gründen die erwähnten Aeusserungen wohl nicht als unbedingt authentisch für die letzten Absichten Friedrichs hinstellen können.

Die Minister waren zwar aufs äusserste erstaunt über den Wechsel der Stimmung ihres Herrschers von grösstem Kleinmut zu den ausschweifendsten Hoffnungen und suchten nach Kräften abzuraten[1]); aber vergeblich.

Zunächst kam alles darauf an, Daun völlig nach Böhmen zurückzutreiben. Von einem heftigen Gichtanfalle niedergeworfen, erwartete der König mit Ungeduld günstige Nachrichten vom Prinzen Heinrich. Als dieser, statt vorzurücken, immer weiter rückwärts gedrängt wurde, wurden ihm die heftigsten Vorwürfe gemacht, öfter ohne hinreichenden Grund[2]).

Immer wieder ist der Grundgedanke[3]), „la grande affaire est de rechasser ces gens de la Saxe et de leur reprendre Dresde. Je ne puis pas entrer dans toutes les discussions des raisons pourquoi cela serait très important: mai j'ai des raisons les plus fortes pour insister là dessus." Daneben wurde aber auch auf diplomatischem Wege alles versucht[4]), um die Lage für den Frieden günstig zu gestalten. Frankreich sollte von seinen Ver-

[1]) Finckenstein an den König. Magdeburg, 17. Okt. 59. P. K., S. 602. Eichel an Finckenstein, Torgau, 19. Okt. 59. P. K., S. 595. Bericht Knyphausens, London, 26. Okt., Forsch. z. br.-pr. Gesch. II., S. 258.

[2]) An Pr. Heinrich, Sophienthal, 26. Okt. 58. P. K., S. 601. Si vous ne voulez jamais hasarder quelque chose, il est impossible de rien faire ....
Daun a 40 bataillons, Hadick 16, voilà 56; vous avez 49 bataillons sans les bataillons francs. Thatsächlich war Daun am 5. Okt. 67 Bat., 67 Gren. Komp., ohne die Kavallerie, stark (österr. mil. Ztschr. 1841. III., S. 70). Vgl. auch Eichel an Finckenstein. P. K., S. 601. Sa Majesté me paraît n'avoir pas une idée juste de la situation présente des affaires en Saxe qui est sûrement critique. An Pr. Heinrich, Sophienthal, 24. Okt. P. K., S. 604. Depuis que vous avez passé l'Elbe, mon cher frère, vous n'êtes plus le même; Finck vous a rempli l'esprit d'idées noires.

[3]) An Pr. Heinrich, Sophienthal, 27. Okt. 59. P. K., S. 607.

[4]) An Mitchell, Sophienthal, 13. Okt. Pr. K., S. 594. An Finckenstein. Koeben, 29. Okt. P. K., S. 610, Koeben, 30. Okt. P. K., S. 611. An Wylich. Hörlitz, 10. Nov. P. K., S. 626.

bündeten getrennt, womöglich auch zwischen Russland und Oesterreich Misstrauen gesät werden, um Separatfrieden mit den einzelnen Mächten und damit um so vorteilhaftere Bedingungen zu erlangen. Doch die Hauptsache ist und bleibt, dass der Feldzug glücklich zu Ende geht[1]), „dann wird die grosse Liga anfangen sich während des Winters aufzulösen". „Nous ne le (Daun) souffrirons pas en Saxe et, quoi qu'il en puisse arriver, nous lui ferons repasser les montagnes de la Bohême avant le commencement de décembre."

Da endlich erringt Prinz Heinrich[2]) einen Erfolg, und Daun beginnt langsam zu weichen. Die Zuversicht des Königs wird immer fester, und kaum ist er notdürftig wieder hergestellt, so duldet es ihn nicht länger fern von dem Schauplatze, auf dem in Bälde die Entscheidung fallen musste. Sein Bruder eilte ihm fast zu schnell vorwärts[3]).

Wie musste ihn da die Nachricht schwer treffen, dass seine Gesandten in London nach ernsten Erwägungen mit Pitt beschlossen hatten, die Deklaration den Gegenmächten zu übergeben. Dieser Schritt erschien ihm jetzt übereilt, jetzt wo[4]) „cette ligue, si redoutable à la liberté de l'Europe, est sur le point de se dissoudre. Il faut dire à Knyphausen que je me moque de l'amitié de l'Angleterre, si elle ne m'est point utile, et que ma situation n'est pas aussi désespérée qu'il s'imagine. Dans[5]) peu de jours, nous serons à Dresde et Daun en Bohême, de sorte qu'excepté le ravage que les barbares ont fait dans les provinces où ils ont passé, ils auront perdu leur campagne, et nous nous resterons debout. La[6]) conjoncture présente est telle que le roi d'Angleterre et moi pourrons trouver de grands avantages."

[1]) An Pr. Ferdinand v. Br., Koeben, 31. Okt. P. K., S. 614.
[2]) An Finckenstein, Glogau, 2. Nov. P. K., S. 618, Mon frère vient de remporter un avantage qui peut devenir décisif pour la campagne.
[3]) An Pr. Heinrich, Spremberg, 9. Nov. P. K., S. 624. Je suis étonné, mon cher Frère, que tout aille si bien là-bas; peut-être que j'arriverai quand il n'y aura plus personne au logis.
[4]) An Finckenstein, Elsterwerda, 12. Nov. P. K., S. 630.
[5]) An Knyphausen, Hirschstein, 13. Nov. P. K., S. 633.
[6]) An Finckenstein, Krögis, 14. Nov. P. K., S. 636.

Der Gedanke, Erwerbungen zu machen, beherrschte den Feuergeist vollständig. Am Tage, an dem er den Oberbefehl über die sächsische Armee übernahm, schrieb der treue Eichel mit Kummer an Finckenstein[1]): „Je me suis d'abord aperçu que Sa Majesté est toute remplie encore de ces idées dont Votre Excellence a fallu instruire M. de Knyphausen."

Die Entsendung des Generals Finck nach Maxen.

Also das stand nach der Auffassung des Monarchen fest, dass Daun binnen kurzem Sachsen aufgegeben haben werde[)]. Der Grund dazu lag ebensosehr in den bisherigen Erfolgen des Prinzen Heinrich, wie in den Friedensplänen, die ein solches Ende notwendig voraussetzen mussten und es daher im Geiste des Königs bei seinem sanguinischen Temperament als Wirklichkeit darstellten. Damit tauchte aber auch schon ein neues Projekt auf.

Das Zurückweichen des österreichischen Heeres war hauptsächlich bewirkt worden durch die Detachierung des Finckschen Corps, welches in die linke Flanke des Gegners geschickt war und fortwährend seine Verbindungen bedrohte. Der König hatte dies Manöver lobend anerkannt[3]).

Auf diese Weise konnte der Feind sicher, freilich ohne dass er grosse Verluste erlitten hätte, zurückgedrängt werden. Wie aber, wenn es gelang, ihm unterwegs noch eine tüchtige Schlappe beizubringen? Der Gedanke tauchte in der Seele des Herrschers

[1]) Eichel an Finckenstein, Krögis, 14. Nov. P. K., S. 636.
[2]) An Finckenstein, Krögis, 14. Nov. P. K., S. 636. An Fouqué, Elsterwerda, 12. Nov. P. K., S. 629.
[3]) An Pr. Heinrich, Spremberg, 9. Nov. P. K., S. 625. La marche de Finck par Doebeln est admirable. Si Daun veut s'opiniâtrer derrière ces défilés dont je viens de parler (nordöstl. Dresden) il n'y a qu'à lui donner des jalousies pour la Bohême, et vous le verrez décamper bien vite. Je me flatte que je pourrai avoir le plaisir de vous embrasser le 15, et j'espère que ce sera au delà du défilé.

auf, und er teilte ihn seinem Bruder einen Tag vor ihrem Wiedersehen mit[1]). „Comme il est impossible que l'armée de Daun se soutienne en Saxe, il est impossible qu'ils maintiennent Dresde. Pourvu que vers ce temps on pousse tous les bataillons francs et 10 bataillons d'infanterie, pour les soutenir, dans les montagnes attenantes à Gieshübel, il faut que ceux qui passent par ce coupe-gorge y fassent des pertes considérables. Je ménage toutes mes forces pour une journée d'arrièregarde, afin que cet homme, qui a accumulé sur sa tête tous les symboles de la vanité humaine, ne sorte pas de la Saxe sans être éconduit solennellement à grands coups de pieds au derrière."

Von diesem Gedanken erfüllt, übernahm Friedrich den Oberbefehl (14. Nov.) und begann sofort seine Absicht zu verwirklichen. General Finck, welcher mit seinem Corps am Tage vorher Brentano aus Nossen vertrieben hatte, ward dazu ausersehen, den Plan auszuführen. Um aber den Feind zum Abmarsch zu zwingen, wandte der König dasselbe Mittel an, welches sein Bruder so lange mit Erfolg benutzt hatte: er suchte die Zufuhr aus Böhmen abzuschneiden. Deshalb[2]) wurde Kleist mit einem kleinen Detachement abgeschickt, um das Magazin in Aussig zu zerstören und möglichst viel Schaden zu thun.

Die Ordres an diesen General sind leider nicht mehr vorhanden, dass der König aber gerade auf diesen Zug besonderen Wert legte, wird man unter anderem wohl aus dem Entwurfe zu einem Befehl schliessen können. Auf der Rückseite einer Meldung Kleists[3]) finden sich folgende Bleinotizen für die Antwort: „approbire Jedes und alles. besonders aber den bewussten Coup."

Während also dies geschah. um den Rückzug Dauns zu bewirken, wurde Finck nach Maxen geschickt, um ihm auf seinem Marsche möglichst viel Abbruch zu thun. Es ist das Verdienst

[1]) An Pr. Heinrich, Elsterwerda, 12. Nov. P. K., S. 627.
[2]) An Finckenstein, Krögis, 14. Nov., P. K., S. 636. Je fais occuper le défilé de Maxen et celui d'Oppendorf, ce qui précipitera nécessairement la marche de Daun. Il y a encore un détachement, que j'envoie en Bohême, qui ruinera le magasin d'Aussig, et qui commettra des ravages considérables dans la province pour hâter sa retraite.
[3]) Kleist an den König, Freiberg, 15. Nov. G.-St.-A., Rep. 96,87 s.

Winters[1]), nachgewiesen zu haben, dass der Generallieutenant, als er einmal unterwegs war, nirgends in seinen Berichten Besorgnis blicken lässt oder Bedenken gegen die Ausführbarkeit des Planes äussert. Aber man wird wohl auch noch weiter gehen können und behaupten, auch als er den Befehl empfing, hat er gar nicht an die Gefahren gedacht, die seiner vielleicht warteten. Die erregte Auseinandersetzung, welche er nach seiner Verteidigungsschrift mit dem Könige gehabt hat, bezog sich nur auf den Zeitpunkt seines Abmarsches[2]). Friedrichs Ungeduld verlangte eben möglichste Eile. Weder dem obersten Feldherrn, noch seinem Unterführer kam es in den Sinn, dass Daun sich zur Wehr setzen könne.

Der Zweck der Entsendung Fincks tritt am klarsten in folgenden Worten eines Befehls hervor[3]): „und sobald wie Ihr bei Maxen seid, so habt Ihr für Euch eine sehr gute und sichere Stellung, und habt Ihr Gelegenheit, alles was mit schwacher und schlechter Escorte bei Zehist und Cotta durch will, zu attaquiren und allen möglichen Tort zu thun. Hingegen kommt was starkes, oder hat der Feind eine gute Disposition, so könnt Ihr solche passiren lassen.

Bei allen diesen Umständen habt Ihr die Gelegenheit, dass Ihr beständig Corps machen könnet, und wenn Ihr bei Ottendorf und Gieshübel etwas Infanterie und Freibataillons postirt, so könnt Ihr damit meurtrières affaires machen und besonders der feindlichen Kavallerie und Arrieregarde.

Uebrigens ist aus allen Umständen zu schliessen, dass Daun sich gewiss präparirt nach Böhmen zu gehen."

Das letztere bestätigten alle Nachrichten. Daun war schon am Tage der Ankunft des Königs in die überaus feste Stellung hinter dem Plauenschen Grunde zurückgegangen. Kleist, der vor seinem Abmarsch gegen Aussig im Rücken des Feindes bis nach Gieshübel gestreift hatte, meldete[4]): „Da der Feind

---

[1]) *Winter*, S. 42 und 48 ff.
[2]) Vgl. oben, S. 31.
[3]) An Finck, Krögis, 15. Nov. P. K., S. 639.
[4]) Kleist an den König, Freiberg, 15. Nov. G.-St.-A., Rep. 96/87 s.

sich diesseit so sehr einschränken lässet; so glaube ich, dass der Feind seine Bagage über Gishübel, Breitenau wird defiliren lassen..... in einer Nacht aber mit einmahl über verschiedenen geschlagenen Brücken, sich über der Elbe ziehen wird. ich zweifele; dass sie Dresden zu mainteniren wohl gedencken. Sie würden sonst Vieh und dergleichen eintreiben; was nicht geschiehet." Aehnliche Meldungen liefen von General Schenckendorff[1]) ein, der mit einem Corps die rechte Flanke der preussischen Armee deckte.

Finck war nach 3 Tagen (am 18. Nov.) nach äusserst beschwerlichen Märschen in Maxen angekommen. Unterwegs hatte er bei einem Zusammenstoss mit einem Teile der Reichsarmee deren Vorposten zurückgedrängt, verfolgt und eine Anzahl Gefangene und 2 Kanonen erbeutet[2]). Er konnte berichten[3]): „wie es heist, gehet alles über Halss und Kopff nach Böhmen; in Dresden soll kein Mensch mehr an einer Defension gedencken; nach allen Ansehen ist alles in Confusion und bekommen wir gewiss noch was ab."

Alles liess sich also aufs beste an, und der König war in der freudigsten Stimmung. Als jetzt ein Bericht aus London einlief, in dem der plötzliche Entschluss, die Deklaration zu überreichen, ausführlich begründet wurde, denn Pitt hätte seine Stellung dadurch befestigen müssen, erklärte er sich völlig einverstanden, und bedauerte die Schritte, welche er in der ersten Aufwallung vor einigen Tagen gethan hatte[4]). Die feste Ueberzeugung, dass das Glück ihm wieder hold sei, machte ihn ruhig. Auf eine Ordre an Finck[5]) schrieb er eigenhändig: „Bei diesem muss ich noch zusetzen, dass Brentano soll Ordre haben nach Maxen zu marschiren. Kömmt er dahin, so recommandire ich ihn zum besten in Seinen Andenken. Nun werden wir in

---
[1]) Schenckendorff a. d. König, Karschütz, 14. Nov. G.-St.-A. Rep. 96 90 E.
[2]) Finck an den König, Dippoldiswalde, 16. Nov. *Winter*, S. 136. *Winter* bemerkt (S. 43), dass er diese Gelegenheit zu schneller That nur wenig benutzte. Der Vorwurf dürfte wohl unbegründet sein, vgl. unten, S. 52.
[3]) Finck an den König, Dippoldiswalde, 17. Nov. *Winter*, S. 138.
[4]) An Knyphausen und an Finckenstein, Limbach, 17. Nov. P. K., S. 645 f.
[5]) An Finck, Limbach. 17. Nov., P. K., S. 648.

4

wenig Tagen die Früchte dieser Disposition ernten." Noch am Tage vor der Katastrophe sandte er seinem Freunde d'Argens eine Ode an die Fortuna, die er selbst gedichtet hatte [1]).

Da ging die Meldung von Zieten ein, dass Sincere mit dem corps de réserve nach Dippoldiswalde und Brentano nach Maxen marschiert sei. Es ist bisher allgemein angenommen worden, der grosse Feldherr habe damit plötzlich die Gefahr, in der sein General schwebte, eingesehen, und das Schreiben, in dem er diesen Rapport Finck übersandte, habe diesem völlig freie Hand gelassen, abzuziehen [2]). Zweifellos kann die Ordre so ausgelegt werden, wenn auch der eigenhändige Zusatz dann etwas gezwungen zu erklären ist, aber ebenso zweifellos kann sie auch das Entgegengesetzte bedeuten: Der König teilt seinem General die Bewegungen des Feindes mit, denkt aber weiter an keine Gefahr, sondern spricht nur seine Meinung aus, dass er in seiner Stellung ein Gefecht haben werde.

Um diese wichtige Frage zu entscheiden, müssen wir andere Zeugnisse suchen, die die Meinung des Königs deutlicher zeigen. Solche sind vorhanden.

Am Tage nach der fraglichen Ordre schrieb der König [3]) (es sind nur noch die Bleinotizen für den Befehl vorhanden, er kam nicht mehr in Fincks Hände): „Generalaffaire rechne nicht, die muss noch nicht sein, wäre nicht gut, aber Chicanen! dadurch der Feind mehr verliert als durch Generalaffaire ..... was abgehen muss entweder Bagage oder Deserteurs; favorisiren oder hier da Corps: so auf die Finger kriegen." Der erste Absatz wird klarer, wenn man einen Befehl vom selben Tage an Schenckendorff hinzunimmt [4]): „Schenckendorff solle sich parat

---

[1]) Oeuvres XIX., S. 103.
[2]) An Finck, Wilsdruff, 18. Nov. P. K., S. 651. Ich überschicke Euch hierdurch die Einlage, den Rapport des Generals Zieten, aus welchem Ihr alles ersehen werdet, und überlasse dieses alles Euern Dispositiones und nöthigen Anstalten.
Er wird entweder mit den Reichers oder mit Sincere einen Gang haben. (Der Zusatz eigenhändig.)
[3]) An Finck, 19. Nov. P. K., S. 652.
[4]) K.-A. I. XXVII. 420, S. 81, siehe oben S. 5.

halten, den 20ten um den Taranter Wald nach Dippolswalda
zu marschiren, weil Er glaubte, dass Finck den Feind dort
attaquiren würde, welches ein unangenehmer umstandt seye, der
den König viel Gutes verdürbe." Finck hatte nämlich gemeldet[1]): „Ich glaube schwerlich, dass ich eine Affaire Generale
mit die Leuthe bekommen werde." Das mochte den Gedanken
hervorgerufen haben, dass er doch vielleicht daran denke, sich
in ein ernstliches Gefecht einzulassen, und zwar, wie der Befehl
an Schenckendorff zeigt, bei Dippoldiswalde.

Gerade das aber wollte der König vermieden wissen, vielmehr sollte der Generallieutenant nach seiner Instruktion[2]) verfahren, schwache Abteilungen angreifen, starke passieren lassen.
Mit dem zweiten angezogenen Aktenstück ist direkt bewiesen,
dass eine Besetzung von Dippoldiswalde Friedrichs Meinung
geradezu zuwiderlief[3]). Einerseits stand es für ihn unumstösslich
fest, dass der Feind abzog, also konnte ein Angriff auf seine
Hauptmacht nur schaden; andererseits war die Stellung bei
Maxen sehr gut und sicher, und von ihr aus konnte den Vorbeiziehenden mancher Schaden zugefügt werden. Diese beiden
Gedanken erklären das Verhalten des Königs vollkommen.

An dem Tage des Gefechts schickte er in der That eine
Verstärkung nach Dippoldiswalde, denn die Meldungen[4]) hatten
festgestellt, dass bedeutende Truppenmassen auf dieser Strasse
in Bewegung waren; aber trotzdem schrieb er in derselben Ordre,
in welcher er Finck dies mitteilte[5]): „Meine Patrouillen hätten
Mir rapportiret, der Feind nähme seinen Marsch von Dippoldis-

---

[1]) Finck an den König, Maxen, 18. Nov. *Winter*, S. 140.
[2]) Siehe oben, S. 48.
[3]) *Winter*, S. 52 ff., meint, das wäre das Richtige gewesen.
[4]) Schenckendorff an den König, Braunsdorff, 19. Nov. Abends 9¼ Uhr.
G.-St.-A. 96/90 E. Der Gefangenen Aussage zu Folge sind heute früh um
6 Uhr die Generals von Brentano und Sincere mit 5 Regimentern Cavallerie
als . . . . . und den Infanterie-Regimentern (folgen 7 Namen) aus der Gegend
ihres lincken Flügels aufgebrochen und haben die Strasse über Possendorff
nach Dippoltswalde genommen. Die Bagage wobey die sämtlichen Gefangenen
commandiret gewesen, hat erstlich früh nach Dresden gehen müssen, um 2 Uhr
aber hat sie Ordre bekommen, den Regimentern zu folgen.
[5]) An Finck, Wilsdruff, 20. Nov. P. K., S. 653.

walde auf Frauenstein, und dieses machte Mir glauben, dass er über Frauenstein nach Böhmen gehen werde, um über Nollendorf zurück zu kommen, um von hinten Luft zu machen." Also noch 2 Tage nach jener fraglichen Aeusserung schrieb der König in ganz demselben Sinne wie früher an seinen General. Ja, so gewiss war er seiner Sache, noch nachdem er durch den Kanonendonner erfahren hatte, dass ein ernstes Gefecht vorgefallen sein müsste, dass er annahm, sein General habe Sincere geschlagen und dies als Thatsache seiner Schwester mitteilte[1]).

Nach diesen Zeugnissen ist es wohl unzweifelhaft, dass er nie daran gedacht hat, dass Finck seine Stellung aufgeben solle.

Beurteilung des Verhaltens Fincks und des Planes des Königs.

Finck handelte also im Sinne des Königs, wenn er bei Maxen stehen blieb. Ist ihm sonst über sein Verhalten während der letzten Tage vor der Katastrophe ein Vorwurf zu machen?

Der General war nach zweitägigem Marsch (16. Nov.) in Dippoldiswalde angekommen und hatte am Tage darauf seine Avantgarde bis Maxen und Dohna vorgeschoben. Wunsch sah hier die Reichsarmee auf der grossen Strasse an der Elbe nach Pirna vorbeimarschieren, konnte ihr aber mit seiner geringen Truppenzahl nichts anhaben[2]) und meldete es dem Generallieutenant. Da macht diesem nun *Bernhardi* und vor allem *Winter* einen schweren Vorwurf daraus, dass er die Reichstruppen nicht sofort im Marsch angegriffen und damit das „Netz,

[1]) An Prinzessin Amalie, 21. Nov. P. K., S. 654. Je vous dirai que j'ai entouré Daun de ce côté ici de l'Elbe, que nos hussards lui ont brûlé deux magasins importants en Bohême, que les troupes de l'Empire ont été chassées par Wunsch qui campe à Dohna, que Finck a battu hier à Maxen le général Sincere, que Daun sera obligé de passer l'Elbe pour se sauver par Zittau en Bohême, et que les armées ne se battront pas.

[2]) Journal Samml. ungedr. Nachr., S. 592.

in welchem die Feinde Finck zu fangen gedachten", zerrissen hätte. Konnte Finck denn das überhaupt? Seine beiden Kritiker befinden sich beide in dem Irrtum, der durch *Tempelhoff* und die Journale[1]) veranlasst ist, zu glauben, dass er schon am 17. November in Maxen angekommen sei, während er sich an diesem Tage noch in Dippoldiswalde befand[2]). Alle Spekulationen sind also unnütz, denn als er wirklich in jener Stellung eingetroffen war, war die Reichsarmee in Sicherheit[3]).

Zur Sicherung gegen einen Angriff in seiner linken Flanke hatte Finck ein Corps in Dippoldiswalde zurückgelassen. Es war eine berechtigte Vorsichtsmassregel. Diese Abteilung musste er auf ausdrücklichen Befehl des Königs[4]) an sich ziehen. Man wird nicht behaupten können, dass dadurch die Katastrophe herbeigeführt sei: die Ordre ist aus dem Zweck der ganzen Entsendung Fincks zu verstehen, und dieser selbst hat sie ohne Bedenken und Widerspruch befolgt. Daraus kann man aber nicht etwa folgern, wie *Winter* dies thut[5]), dass Friedrich die Detachierung Wunschs gemissbilligt hätte. Denn der Schluss des letzten Schreibens an Finck[6]). „davor er sich in Acht zu nehmen wissen werde, und wenn das geschähe (nämlich wenn die Oesterreicher von hinten Luft zu machen suchten) so müsste der Posten von Dohna weg", beweist ausdrücklich das Gegenteil. Danach sollte Wunsch also nur zurückgezogen werden, wenn starke Truppenmassen die Elbstrasse gegen jeden Angriff deckten.

Ueber den Plan Friedrichs des Grossen hat der grosse Kriegstheoretiker *Clausewitz*, das Urteil gefällt[7]): „Das gefährliche Vorschieben des Generals Finck nach Maxen ist kaum zu erklären, geschweige denn zu entschuldigen. Kann man einen feindlichen Feldherrn durch Umstellung seiner Flanke, durch

[1]) Vgl. oben, S. 17.
[2]) Finck an den König, Dippoldiswalde, 17. Nov. *Winter*, S. 139. Melde alleruntertänigst, dass ich morgen nach Maxen marchire.
[3]) Vgl. Finck an den König, Maxen, 18. Nov. *Winter*, S. 140.
[4]) An Finck, Limbach, 18. Nov. P. K., S. 648.
[5]) *Winter*, S. 48.
[6]) An Finck, Wilsdruff, 20. Nov. P. K., S. 653.
[7]) *Clausewitz*, Hinterlassene Werke, 2. Aufl. X., S. 105. S. 119.

Bedrohung und wirkliche abwechselnde Unterbrechung seiner Verbindungslinie nicht vermögen, weiter zurückzugehen, so wird man durch die übermütige **Feststellung** eines Corps auf seiner Rückzugsstrasse den Zweck auch nicht erreichen, denn das Erstere ist schon ein Zeichen, dass die wesentlichen Bedingungen zu einer solchen Wirkungsart fehlen: eine lange offene Seite, die nicht zu decken ist, oder ein ohnehin zum Rückzug halb entschlossener oder ein furchtsamer Gegner: wo diese Umstände nicht sind, wird das immer dreistere Vorschieben sie nicht hervorrufen, sondern früh oder spät zu solchen Verlusten führen, wie der von Maxen war, weil es zu schwer ist, eine so vorgeschobene Spitze vor einem überlegenen Anfall von allen Seiten zu bewahren." *Clausewitz* ist in demselben Irrtum befangen, in dem neben anderen[1]) *Bernhardi* und zum grossen Teil auch *Winter* verharren, dass nämlich Fincks Entsendung den Zweck gehabt habe, den Rückzug Dauns zu bewirken. Schon das Generalstabswerk[2]) und dann *Taysen*[3]) haben darauf hingewiesen, dass das falsch ist.

Unsere Untersuchung hat gezeigt, dass der Gedanke, das österreichische Heer werde Sachsen verlassen, ursprünglich hervorgerufen durch die politischen Pläne, welche ihn zur notwendigen Voraussetzung hatten, sich immer mehr in der Seele des Königs befestigt hatte und ihn vollkommen beherrschte. Daraus entsprang dann ganz natürlich der Wunsch, dem abziehenden Feinde noch einen Fusstritt zu versetzen. Dieser Gedanke wurde ausgesprochen, bevor Daun in die „unangreifbare Stellung des Plauer Grundes" zurückgegangen war, damals war es also gar nicht nötig, andere Anstrengungen als vorher zu machen, um den Feind zurückzumanövrieren.

Die Aufgabe, welche *Clausewitz* dem Finckschen Corps zuschreibt, hatte vielmehr in gewissem Sinne Kleist zu erfüllen[4]).

---

[1]) Vgl. auch *Becker*, Gesch. des 2. ostpreussischen Grenadierregiments Nr. 3. I., S. 245.
[2]) Gesch. des 7 jährigen Krieges. III., S. 214.
[3]) v. *Taysen*, Zur Beurteilung des 7 jährigen Krieges, S. 67.
[4]) An Finck, Krögis, 16. Nov. P. K., S. 642. Sollte nun Kleist vollkommen mit seiner Commission reussiren, so wird er (Daun) sich eilen, um

Die Feststellung des Corps bei Maxen sollte den österreichischen Feldherrn nur in Bestürzung versetzen, ihn veranlassen, vielleicht jenseits der Elbe abzuziehen, so dass bei der dann entstehenden Verwirrung entweder Friedrich selbst oder Finck erfolgreiche Anfälle auf das Heer machen konnten [1]).

Für Friedrichs des Grossen Auffassung war einer der Fälle eingetreten, in denen auch *Clausewitz* ein dreisteres Vorschieben billigt, und ausserdem war er, wie er mehrfach ausspricht, überzeugt, dass die Stellung von Maxen uneinnehmbar sei und also nach dem Geiste der damaligen Strategie auch nicht angegriffen werden durfte. Gewiss wird man mit Bezug auf Maxen nicht sagen können [2]), dass der grosse König hier selbst nicht die gewagtesten Mittel gescheut habe, um es zur Entscheidung mit dem Feinde zu bringen. Das Mittel war nach seiner Auffassung nicht gewagt und die Entscheidung auch ohnedies sicher.

Finck kann für sein Verhalten bis zum Tage der Schlacht kein Tadel treffen; alles, was er that, war durchaus im Sinne des Königs. Dass dieser nach der Katastrophe die Schuld auf seinen General abwälzen wollte [3]), ist erklärlich, wenn man bedenkt, wie schwer ihn der Schlag treffen musste, er befindet sich aber dabei mit den Thatsachen in direktem Widerspruch.

Wofern überhaupt von einer Schuld die Rede sein kann, trifft sie, wie *Clausewitz* mit voller Schärfe betont, Friedrich den Grossen, denn er hat seinen General durch ausdrückliche Befehle in die Lage gebracht, in welcher dieser, so wie die

---

desto eher durch dieses Loch zu gehen, und solches um so viel mehr, da ihm dies Stück von Böhmen sehr important ist und er sich bei seinem Hofe in grosser Verantwortung setzen wird, Böhmen nicht besser gedeckt zu haben. Vgl. auch den Ministerialerlass an Schlabrendorff, Berlin, 27. Nov. G.-St.-A. Rep. 63, 85. Einige Tage vor der unglücklichen afaire des Gen. Finck haben wir dem Feinde ein ansehnliches magazin zu Aussig ruiniret, so dass wenn diese fatalität nicht dazwischen gekommen wäre, die campagne in Sachsen allem ansehen nach schon geendigt seyn würde.

[1]) An Finck, Krögis, 16. Nov. P. K., S. 641.
[2]) *Winter*, Hist. Taschenbuch, 6. Folge. X., S. 120.
[3]) Vgl. die bei *Winter*, S. 53 Anm., angezogenen Aeusserungen und die Bleinotiz auf Hülsens Bericht. P. K., S. 656. Ist gross Unglück und ohnerhört, aber nicht Meine Schuld. Vgl. oben, S. 32.

Verhältnisse wirklich lagen, ein Unglück erleiden musste, und er hat ihn an einer falschen Anschauung der Sachlage nicht nur nicht gehindert, sondern sogar darin bestärkt. Sein Verfahren ist aber vollkommen erklärt durch sein Temperament und seine Auffassung der Dinge, und diese hängt aufs engste zusammen mit seinen strategischen Anschauungen. Ganz im Geiste seiner Zeit glaubte er auch ohne gefährliche Unternehmungen oder eine Schlacht den Feind zum Aufgeben Sachsens zwingen zu können, und auch für ihn gab es, wie für seine Zeitgenossen, unangreifbare Stellungen. *Delbrücks* Ansicht über die Strategie Friedrichs des Grossen[1]) findet sich durchaus bestätigt. Nur wenn man ihr zustimmt, kann man zu einem völligen Verständnisse der Handlungsweise des Königs kommen.

---

[1]) Zuletzt kurz und zusammenfassend dargelegt in *Friedrich*, *Napoleon*, *Moltke*, ältere und neuere Strategie, Berlin 1892.

III. Gefecht und Kapitulation.

Vorbereitungen und Einleitung des Gefechtes.

Die Gegend, in welcher sich das Treffen und die nachfolgende Gefangennahme des preussischen Corps bei Maxen abspielten, ist früher und später der Schauplatz zahlreicher Kämpfe gewesen. Fast in jedem Jahre des siebenjährigen Krieges standen sich hier die feindlichen Heere gegenüber, 1813 bot hier Napoleon den Verbündeten die Spitze.

Sanft gewölbte Höhen, von steilen, tief eingeschnittenen Thälern durchfurcht, charakterisieren die Landschaft. Die Strassen führten meist über die Berge, da die Thäler zu eng waren, um grössere Wege in ihnen ohne grosse Mühe anzulegen, und so boten sich unzählige Stellungen, welche kaum umgangen werden konnten und für den kleinen Krieg sehr geeignet waren.

Südwestlich von dem Dorfe Maxen[1]) erheben sich drei annähernd parallele Höhenrücken, die nordwest-südöstlich streichen und im NW. und SW. von den scharf eingeschnittenen Thälern

---

[1]) Die beste bis jetzt veröffentlichte Karte ist die dem Aufsatze von *Cerrini* (österr. milit. Ztschr. 1841. III.) beigegebene im Massstabe von ca. 1 : 50000 (wieder gedruckt in dem Beitr. zur Gesch. der österr. Kavallerie), wie ein Vergleich mit der Karte des deutschen Reichs (Dippoldiswalde Nr. 443) zeigt.

Die Karte bei *Tielke* ist ungenau und wenig anschaulich. Ebenso ist die dem Aufsatze im Generalstabswerk (vgl. auch Militärwochenblatt, IX. 1824, S. 3110) beigefügte unübersichtlich, wenn auch genauer. Ueber das Gelände vgl. auch Denkwürdigkeiten der militärischen Gesellschaft. II. 1803, S. 449.

des Grimmschen Wassers und der rothen Müglitz begrenzt werden. Der östliche Zug ist der schmalste, er fällt nach SW. zu in seiner ganzen Länge ziemlich steil ab, am geringsten ist die Steigung ungefähr in der Mitte, da wo die Strasse hinaufführt, doch beträgt sie auch hier immerhin 5—10°. Der vorgelagerte Rücken ist im ganzen etwas niedriger, nur im Süden beherrscht eine Kuppe die Maxener Berge. Durch eine steile Schlucht abgetrennt, in welcher Hausdorf liegt, erhebt sich dann der dritte Höhenzug, der niedriger, breiter und sanfter gewölbt ist und nur im Norden zu einer beträchtlicheren Höhe über Hausdorf aufsteigt [1]). Am westlichen Abhange liegt hier im Thale des Grimmschen Wassers das Dorf Reinhardsgrimma. Das Gehänge soll nach allen Autoren sehr steil sein, eine Vergleichung der Messtischblätter [2]) ergab aber, dass die Steigung jedenfalls nirgends grösser als bei der Maxener Höhe ist. Erst weiter unterhalb des Dorfes sind die Thalränder steiler.

Nordöstlich von Maxen, das im Grunde liegt, erheben sich ebenfalls mit ziemlich steilem Abfall gegen SW. einzelne Höhen. die sich nach NW. zu allmählich gegen Wittgendorf und Tronitz senken. Wendet man sich von diesen Kuppen aus östlich der Elbe zu, so gelangt man über Schmorsdorf auf ein grosses Plateau. Rings von tiefen Schluchten umgeben, gewährt es nur im Westen freien Zugang. Auf ihm liegen die Dörfer Falkenhain und Ploschwitz und am östlichen Abhang, schon fast an der Mündung der rothen Müglitz ins Elbthal, Dohna.

Ueber diese Bergrücken zogen zwei Strassen. Die eine von Dippoldiswalde nach Dresden durchquerte hinter Reinhardsgrimma den Wald, welcher die westliche Höhe bedeckte, führte dann über Hausdorf nach Maxen und lief endlich zwischen Wittgendorf und Tronitz nach Norden, indem sie kurz vor diesen Dörfern ein sumpfiges, mit Teichen durchsetztes Thal rechts

---

[1]) Auf dem Plane im Generalstabswerk ist die Höhe südöstlich Hausdorfs als Hausdorfer Höhe bezeichnet, der Plan von *Tielke* benennt die Kuppe nordwestlich dieses Dorfes so. Dagegen trägt nach dem Journal in der Samml. ungedr. Nachr. der ganze zweite Höhenzug diesen Namen.

[2]) Messtischblätter. Königr. Sachsen Nr. 82, 83, 101.

liegen liess. Die andere zweigte bald hinter Maxen von der ersten ab und führte über das Plateau nach Dohna und ins Elbthal.

So beschaffen war die Gegend, welche General Finck (am 18. November) mit seinem Corps besetzt hatte. Sie war für den Zweck, der erreicht werden sollte, so günstig wie möglich gelegen. Die beiden einzigen Strassen, welche Dresden auf dem linken Elbufer mit Böhmen verbanden, führten in unmittelbarer Nähe an beiden Seiten dieser Höhen vorüber[1]. Es war also für Finck gegeben, dass er mit seiner Hauptabteilung sich ungefähr in der Mitte zwischen den beiden Strassen, d. h. auf den Bergen bei Maxen, aufstellte und durch vorgeschobene Detachements nach den beiden Seiten hin beobachten liess. Sobald sich herausstellte, dass der Feind auf einer der beiden Strassen oder auf beiden abzuziehen versuchte, konnte er je nach der Stärke der feindlichen Truppen entweder mit ganzer Macht über sie herfallen oder sie durch kleinere Abteilungen beunruhigen lassen, wie seine Instruktion es ihm vorschrieb. Die Strasse im Elbthal über Pirna war die bequemere und auf sie war deshalb auch zunächst das Hauptaugenmerk des Königs und seines Generals gerichtet. Am Tage vor dem Angriff (19. Nov.) aber hatte sich auch auf der Seite von Dippoldiswalde ein feindliches Corps gezeigt[2], und sofort wurde auch nach dieser Seite hin ein Beobachtungsposten ausgesetzt. Reinhardsgrimma und Dohna bildeten zwei Ausfallthore, so dass man sich je nach den Umständen mit überlegenen Kräften auf den Feind werfen, oder sich auf seine Beobachtung und im schlimmsten Falle auf die Verteidigung der Festung beschränken konnte.

So stand also Finck mit 9 Bataillonen und 24 Schwadronen bei Maxen, während Wunsch mit 5 Bataillonen und 3[3]) Schwadronen Dohna und Platen mit 3 Bataillonen und 8 Schwadronen Reinhardsgrimma besetzt hielten. Ein Bataillon wurde auf dem Berge nordwestlich von Hausdorf aufgestellt, weil das Gelände hier

[1]) Vgl. die Skizze im Anhang.
[2]) Finck an den König. *Winter*, S. 141. Journal, S. 596.
[3]) Diese Zahl haben die Akten des Kriegsgerichts.

wegen des Waldes und der verschiedenen Hügel sehr unübersichtlich ist.

Auf diese Stellungen der Preussen traf der erste Angriff der Oesterreicher. Dass es Dauns Absicht sein könne, den Feind gänzlich aus dieser Gegend zu vertreiben und womöglich zu vernichten, hatte bis zum letzten Augenblick niemand geglaubt. Schreibt doch Finck noch am Abend vor der Schlacht, indem er zugleich berichtet, dass Dippoldiswalde vom Feinde besetzt sei und Daun selbst sich bei dem Corps befinde[1]): „In meinen Posten werden sie mich nicht attaquiren: allen Abbruch von der Welt werde ich ihnen thun." Doch war für alle Fälle eine Disposition[2]) ausgegeben, nach welcher die Truppen sich auf den Höhen um Maxen aufstellen sollten.

Da die Oesterreicher von Norden wie von Süden auf der Dresdener Strasse anrücken konnten, so war Finck gezwungen, gegen beide Seiten Front zu machen. Er wollte also mit 6 Bataillonen[3]) den Höhenrücken südwestlich von Maxen in seiner ganzen Länge besetzen. Einige alte Verschanzungen, die aber später den Verteidigern mehr hinderlich[4]) als nützlich waren, wurden bei der Stellung benutzt. Den südöstlichen Flügel sollte gegen die hier einschneidenden Seitenthäler der rothen Müglitz das Gren.-Bat. Willemai decken. Gegen eine Umgehung von NW. sicherte eine zurückgebogene Aufstellung von 3 Bataillonen[5]. Als Reserve sollten hinter der Linie das Dragonerregiment Württemberg und 3 Schwadronen Husaren unter dem Kommando des Generals Gersdorff halten.

Die gesamte übrige Kavallerie, 3 Kürassier-[6]), 1 Dragonerregiment und 4 Schwadronen Husaren sollten in zwei Treffen

---

[1]) Finck an den König, Maxen, 19. Nov. *Winter*, S. 142. Dass der Brief abends geschrieben ist, ergiebt sich aus Journal, S. 598.
[2]) Journal, S. 596 f.
[3]) Finck, Kleist, Benckendorff, Grabow, Zastrow, Billerbeck. Die Reihenfolge ist bei den verschiedenen Angaben der einzelnen Journale nicht festzustellen. Nur so viel ist sicher, dass Grabow und Zastrow im Zentrum, also unmittelbar an der Strasse standen.
[4]) Vgl. *Tielke*, S. 16.
[5]) Regiment Rebentisch und Bat. Schenckendorff.
[6]) Bredow, Horn, Vasold; Jung-Platen.

Aufstellung finden an der Strasse nach Dresden nordöstlich von Maxen mit der Front gegen Norden, weil hier das Gelände für Reiterei günstiger war. Zu ihrer Bedeckung musste General Lindstädt die Höhen westlich von Schmorsdorf mit 3 Bataillonen[1]) besetzen[2]). Die Artillerie wurde auf die ganze Front verteilt, die Bagage sollte in dem Grunde von Maxen auffahren.

In dieser Disposition waren also die Plätze für die Truppen, welche einstweilen noch unter Platen in Reinhardsgrimma standen, schon mit bestimmt, und zwar hatten diese Bataillone zum Teil gerade die wichtigsten Punkte der ganzen Stellung, nämlich die Strasse, zu decken. Es war also unzweifelhaft von vorn herein beschlossen, dass sie sich vorher nicht in ein Gefecht einlassen, sondern im Falle eines ernstlichen Angriffs in die Hauptlinie zurückziehen sollten.

Der Feind unternahm an dem Abend nichts, was zu einer besonderen Beunruhigung hätte Veranlassung geben können. Zwar hatte er seine Vorposten auf allen Seiten bis in die Nähe der Preussen vorgeschoben; aber das konnte den Zweck haben, seinen eigenen Marsch zu maskieren und zu decken. So fand denn auch am Morgen des verhängnisvollen Tages (20. Nov.) Finck, als er seine Vorposten bei Reinhardsgrimma revidierte, keinen Anlass zur Besorgnis[3]) und ritt beruhigt nach der Gegend von Röhrsdorf[4]), um auch hier etwaige feindliche Bewegungen zu beobachten.

Da erreichte ihn die Meldung des Generals Platen, dass er angegriffen werde und in Gefahr sei, von Norden her umgangen

---

[1]) Lehwald, Hülsen, Knobloch.

[2]) Es ist gar kein Grund einzusehen, weshalb das Lindstädtsche Corps, wie *Winter* und *Cerrini* wollen, bis in die Gegend von Wittgendorf und Tronitz vorgeschoben sein soll. Das Journal spricht ausdrücklich von den Anhöhen von Schmorsdorf, und der Kavallerieangriff scheitert später an den Teichen vor Tronitz, also muss doch die ursprüngliche Stellung weiter zurück gewesen sein. Uebrigens geben auch *Tielke*, der Plan des Generalstabswerkes und der *Gaudische* Plan die Stellung so an.

[3]) Journal, S. 598.

[4]) An der Strasse nördlich von Maxen.

zu werden[1]). Etwa 2 km unterhalb Reinhardsgrimma mündet nämlich von Westen her in das Thal des Grimmschen Wassers ein kleiner Bach, an dem das Dorf Hirschbach liegt; gegenüber dieser Mündung ist der Höhenzug mit Wald bedeckt, der sich in breitem Streifen hinter Reinhardsgrimma herum über die Dresdener Strasse hinüberzieht. Ueber Hirschbach hatte nun Daun seine leichten Truppen vorgeschickt[2]), um den Wald zu gewinnen und den Preussen in den Rücken zu fallen. Bei seiner geringen Truppenzahl konnte Platen das nicht hindern, und so blieb Finck weiter nichts übrig, als den Posten, der unhaltbar geworden war, räumen zu lassen, ehe es zu spät war. Mit geschlossenen Kolonnen, wie die Lineartaktik sie anwandte, würde der österreichischische Feldherr das wichtige Manöver nicht haben ausführen können. Man sieht, wie sehr die leichten Truppen, welche in aufgelöster Ordnung jedes Gelände benutzen konnten, den Oesterreichern eine Ueberlegenheit verschafften.

Gerade dass er den Pass von Reinhardsgrimma nicht energischer verteidigt habe, ist Finck zuerst von *Tempelhoff*[3]) und dann von allen neueren Beurteilern zum stärksten Vorwurf gemacht worden. Merkwürdigerweise findet sich nichts von einer derartigen Verurteilung in der Kritik *Tielkes*[4]) und in den Akten des Kriegsgerichts. Mit Recht, denn nach seiner ganzen Auffassung der Lage wollte Finck den Posten gar nicht verteidigen,

[1]) Journal, S. 598: Nicht lange hierauf liess der General von Platen melden, dass sich das Oesterreichische Corps zu bewegen anfange, welches sein abgeschickter Adjudant gleich darnach mit dem Zusatz bestätigte, dass der Feind in 2 Kolonnen gegen Reinhartsgrimma marschire, und die Panduren sich über Hirschbach stark herunter zögen, wodurch die bey sich habende Bataillons zu der Zeit ein heftiges Feuer rechts aus dem Walde erhalten würden, wann er dem Feinde die Passage durch Reinhartsgrimma (nicht) zu verhindern suchte. (Das „nicht" ist ohne Zweifel zu streichen, es fehlt in sämtlichen Handschriften und ist völlig sinnlos.)

[2]) Vgl. Beitr. zur Gesch. d. österr. Kavallerie. I., S. 406.

[3]) *Tempelhoff*, S. 360; dann der Aufsatz im Militärwochenblatt IX. 1824. S. 3110, der im Generalstabswerk III., S. 188 ff. unter Hinzufügung einer ausführlichen Kritik, S. 213 ff. wieder abgedruckt ist; dann *Bernhardi*, Friedrich der Grosse als Feldherr I., S. 463 und *Winter*, S. 57 f.

[4]) *Tielke*, S. 99 ff.

und er konnte auch mit der kleinen Abteilung Platens nicht verteidigt werden.

Das einzige, was dem General vorgeworfen werden kann, ist der Fehler, dass er nicht mit seinem ganzen Corps die Höhen hinter der Reinhardsgrimmaer Schlucht besetzt und den Feind unter allen Umständen verhindert habe, dieses Defilé zu überschreiten. Diesen Gedanken haben *Tielke*, der verschiedene vorteilhafte Stellungen in dieser Gegend angiebt und bespricht, und *Gaudi* ausgesprochen[1]). Abgesehen davon, dass diese Stellung leichter zu verteidigen gewesen wäre, wäre von hier aus vor allem der Rückzug nach Süden zu gesichert gewesen.

Warum Finck diesen Fehler, den ihm der militärische Kritiker als solchen anrechnen muss, gemacht hat, ist nach dem oben Gesagten verständlich. Er erwartete eben keinen ernstlichen Angriff[2]). Aus demselben Grunde hat er auch Wunsch bei Dohna stehen lassen und so seine Kräfte zersplittert. Als der Angriff wirklich erfolgte, da hat er, wie *Tielke* bezeugt, nach Möglichkeit versucht, sich zu konzentrieren und wenigstens einen Teil des Wunschschen Detachements noch an sich zu ziehen[3]), da aber war es zu spät, denn diese Truppen wurden von der Reichsarmee festgehalten. Man könnte vielleicht fragen, weshalb der General, wenn er diese Auffassung wirklich gehabt hat, sie nicht als Entschuldigungsgrund in seiner Verteidigungsschrift angeführt hat, denn hier findet sie sich höchstens andeutungsweise[4]). Aber eben auch diese Auffassung war ein Fehler, sie kann sein Verhalten erklären, aber nicht rechtfertigen.

Einstweilen blieben nur noch 3 Schwadronen Husaren in Reinhardsgrimma stehen, um den Feind weiter zu beobachten. Das Bataillon Grabow bekam Befehl, sich auf dem zweiten

---

[1]) Gedruckt bei *Winter*, S. 104.
[2]) So berichtet auch der Lieutenant v. Hülsen vom Regiment Rebentisch (Unter Friedrich dem Grossen. Aus den Memoiren des Aeltervaters 1752–1773. Herausgegeb. von H. v. Hülsen, Berlin 1890), S. 104, von einem Ueberfall bei Maxen, also einem unerwarteten Angriffe.
[3]) *Tielke*, S. 13. Finck selbst berichtet in seiner Verteidigungsschrift Aehnliches. *Winter*, S. 163.
[4]) Vgl. *Winter*, S. 160.

Höhenrücken, hinter Hausdorf, festzusetzen, und in diese Stellung ging dann auch Platen zurück¹). Die österreichischen leichten Truppen hatten inzwischen noch weiter nördlich ausgeholt und zogen sich dem nordwestlichen Abfall des Maxener Höhenzuges gegenüber in den Grund hinab; zugleich kam in das feindliche Corps bei Röhrsdorf einige Bewegung²), und die preussischen Vorposten wurden zurückgetrieben. Deshalb liess Finck seine Truppen in die vorher angewiesenen Stellungen einrücken und zog auch von den 4 Bataillonen auf den Hausdorfer Anhöhen 2 in die Hauptlinie zurück, um seine bedrohte rechte Flanke zu sichern. Nur 2 Bataillone und zwar die, welche später ihre Posten unmittelbar neben der Strasse hatten, blieben ausser der Kavallerie noch vorwärts stehen.

Daun war am Morgen bei seinem Hauptcorps, das von Dippoldiswalde her anrückte, eingetroffen³), als seine Spitzen eben Reinhardsgrimma⁴) erreicht hatten, und übernahm selbst den Oberbefehl.

Die Gesamtstärke der Oesterreicher wird von *Cerrini*⁵) folgendermassen angegeben. Das Hauptcorps bestand aus 25 Bataillonen, 27 Schwadronen Kavallerie, 2 Karabinier-Kompagnieen und 1 Husarenregiment. Brentano führte 6 Bataillone. 5 Grenadier-Kompagnieen, 12 Schwadronen und einige 100 Kroaten. Er berechnet beide zusammen auf 19500 Mann⁶). Eine sehr zahlreiche Artillerie, gegen 50 Geschütze, ohne die Regimentskanonen, vermehrte die Uebermacht erheblich. Dem setzten die Preussen im ganzen 13 Bataillone, 32 Schwadronen und ungefähr 20 Geschütze⁷), ohne die Regimentskanonen, entgegen, etwa 10000 Mann⁸).

¹) Journal, S. 599, vgl. *Tielke*, S. 14.
²) Journal, S. 599.
³) Oesterr. Relation, *Tielke*, S. 27.
⁴) *Tielke* giebt S. 10 irrtümlich Ringelshayn (Reinholdshain) an.
⁵) Oesterr. mil. Ztschr. 1841. III., S. 34 und 42.
⁶) Das Generalstabswerk nahm die Gesamtstärke mit Einschluss der Reichstruppen, S. 198, zu 36500 M. an.
⁷) Diese Zahl hat *Gaudi* S. 312, es ist die höchste, die sich findet.
⁸) Das Generalstabswerk berechnet die Gesamtstärke der Preussen, S. 198, auf 9 10000 M. Inf. und 3500 Pferde, das ergiebt also für die Truppen bei Maxen

Bei Dohna stand Wunsch mit 5 Bataillonen, 3 Schwadronen und 4 schweren Kanonen; etwa 3000 Preussen gegen 5500 Reichstruppen. Alles in allem fochten demnach ungefähr 13000 Preussen gegen 25000 Oesterreicher und Reichstruppen[1]).

Verlauf des Gefechtes.

Daun liess ein Grenadierbataillon und ein Regiment Husaren gegen Reinhardsgrimma vorgehen, und nachdem er durch die erwähnte Flankenbewegung seiner Kroaten die preussische Infanterie zum Verlassen ihres Postens gezwungen hatte, wurde Haugwitz mit seinen Husaren leicht zurückgetrieben. Die österreichischen leichten Truppen besetzten sofort das Dorf und den dahinter liegenden Wald. Unter ihrem Schutze wurde dann die schwierige Ueberschreitung des Defilés bewerkstelligt und etwa um Mittag beendet[2]). Wieder erleichterte der Besitz von leichten Truppen den Oesterreichern ihr Unternehmen.

Die Schwierigkeiten waren in der That sehr gross, denn der Weg führte erst in das Thal hinab, dann wieder hinauf, die Dorfstrasse war eng und das Glatteis, welches infolge des starken

---

ungefähr obige Zahl. Die Zahlenangaben sind durchaus unsicher und nur annähernd zu geben. Vgl. oben S. 6 f. Dafür, dass man die preussischen Bataillone, wie das Generalstabswerk es thut, trotzdem das Treffen am Ende eines verlustreichen Feldzuges stattfand, im Durchschnitt ca. 550 M. stark rechnen darf, spricht auch der Umstand, dass 7 Bataillone aus den beiden Bataillonen ihres Regimentes zusammengelegt waren, so dass sie wohl jedenfalls stärker waren, als wenn es einzelne Bataillone gewesen wären. Gaudi schreibt nämlich, Wilsdruff 19. Febr. 1760, an v. Scheelen (K. A. I. XXVII. 420): „Das Fincksche Corps (bestand den 20sten 9 br. aus): 1 B. Bornstedt und Heyden, 1 Willemey 1 Benkendorff 1 Kleist, 2 Rebentisch 2 Münchow 2 Cassel 1 Lehwald 1 Grabow 1 Zastrow 1 Knoblauch 1 Finck 1 Hülsen 1 Schenckendorff (letztere 7 waren die ganzen Regimenter, aber nur auf 1 B. gesetzt) 1 frey B. Salenmon u. s. w."

[1]) Oesterr. milit. Ztschr. 1841. III., S. 45.
[2]) Beitr. zur Gesch. d. öst. Kav. I., S. 406.

Frostes die Wege bedeckte, behinderte das Fortkommen namentlich der Artillerie und Kavallerie, deren Pferde nicht scharf beschlagen waren[1]). Trotzdem berichten weder *Tielke* noch die offizielle Relation, dass Daun geschwankt habe, ob er nicht lieber umkehren solle, wie *Winter* behauptet[2]). Das hiesse dem österreichischen Feldherrn, der ja allerdings an genialer Kühnheit einem Friedrich dem Grossen nachstand, doch etwas gar zu wenig Energie zutrauen.

Aber schon *Tempelhoff* hat dieselbe Behauptung[3]) wie *Winter* aufgestellt. Wahrscheinlich ist sie von ihm aus der Nachricht. dass der Ingenieur-Major Fabri, als viele es für unmöglich hielten, mit Geschütz und Reiterei durchzukommen, die Passage für möglich erklärt habe, wie auch *Tielke*[4]) berichtet, und der Finckschen Verteidigungsschrift, die *Tempelhoff* ja benutzt hat. kombiniert worden, denn Fabri spielt in beiden Erzählungen eine Rolle. Finck schreibt nämlich[5]): „Daun ist hiervor auch bange und schon auf den Point gewesen zurück zu marchiren, wenn ihm ein gewisser Major Fabri, nunmehriger General Major, nicht zur attaque determinirt hätte;" er spricht hier aber von der allgemeinen Lage. Wenn der König ihn, indem er gegen das zurückgelassene Corps Dauns vorrückte, unterstützt hätte, so würde dieser nach seiner Meinung schleunigst umgekehrt sein und den Angriff gar nicht versucht haben. Also nicht die Schwierigkeiten des Geländes, sondern die Furcht vor dem Könige soll Daun wankend gemacht haben.

Winters ganze Auseinandersetzung[6]) beruht darauf, dass die Anhöhen bei Reinhardsgrimma sehr steil gewesen seien; nach dem kartographischen Urmaterial sind die Maxener Berge aber mindestens ebenso steil, und diese hat Daun ohne Bedenken angegriffen. Die Höhen konnten eben wegen ihrer Steilheit und des Glatteises eine Ersteigung durch Artillerie und Kavallerie sehr

---

[1]) *Tielke*, S. 12.
[2]) *Winter*, S. 60.
[3]) *Tempelhoff*, S. 360.
[4]) *Tielke*, S. 12.
[5]) *Winter*, S. 161.
[6]) *Winter*, S. 58 ff.

erschweren, dieselben Gründe hatten aber einen Angriff, der durch Infanterie erfolgte, noch nicht zu verhindern brauchen. Es ist ja auch ein Irrtum, zu glauben, dass die Preussen freiwillig den Pass aufgegeben hätten, Daun hatte sie dazu gezwungen.

Das österreichische Heer durchzog also das Dorf und den Wald, und es gelang, nachdem die umherschwärmenden preussischen Husaren zurückgedrängt waren, auf die nächste Anhöhe[1]) (es ist die südöstlich von Hausdorf gelegene gemeint) eine Batterie von 8 Kanonen zu bringen. Sofort wurde das Feuer eröffnet und zwar zunächst auf die Platenschen Truppen, welche durch diese Batterie flankiert wurden. Platen ging infolgedessen mit seinen 2 Bataillonen und der Kavallerie in die Hauptlinie zurück, und dem Angriff auf die preussische Hauptstellung stand nun nichts weiter im Wege. Eingeleitet wurde er durch das Feuer der zahlreichen österreichischen Artillerie. Zunächst ward auch die Höhe nordwestlich von Hausdorf von ihr besetzt, dann rückten 40 Geschütze auf den zweiten Höhenzug unmittelbar den Maxener Höhen gegenüber vor[2]), davon 14 einer preussischen Batterie von 7 Geschützen[3]) gegenüber auf den rechten Flügel. Unter dem lebhaften Feuer dieser starken Artilleriestellung, das preussischerseits nach Möglichkeit erwidert wurde, formierten sich die Angriffskolonnen gedeckt hinter der Höhe.

Eine Stunde währte das Geschützfeuer, anfangs ohne viel Erfolg, da die Kugeln über die Preussen hinweggingen und nur in der Bagage grosse Unordnung anrichteten[4]). Dann schien der Feind hinlänglich erschüttert, so dass der Feldmarschall zum Angriff überzugehen beschloss. Es war 3 Uhr[5]), als der Sturm begann. Die Grenadierbataillone der Avantgarde und 2 Infanterieregimenter, im ganzen 8 Bataillone, bildeten das erste Treffen[6]),

---

[1]) Journal und *Tielke*. *Cerrini* giebt hier S. 40 fälschlich die Höhe nordwestlich von Hausdorf an.
[2]) Journal, S. 600.
[3]) *Tielke*, S. 15. Journal, S. 597.
[4]) Journal, S. 601.
[5]) Die Zeit wird von sämtlichen Quellen übereinstimmend angegeben.
[6]) *Tielke*, S. 15. Beiträge, S. 407.

dahinter folgte die übrige Infanterie als Reserve, die Kavallerie deckte die linke Flanke¹).

Mit grosser Tapferkeit eilten die österreichischen Truppen unter dem lebhaften Gewehrfeuer des Feindes in das Thal hinab und erstiegen die jenseitigen Höhen. Vergebens versuchten 2 preussische Bataillone ihnen in die Flanke zu kommen²), sie wurden von einer Batterie unter Feuer genommen und mussten sich eiligst in ihre Stellung zurückziehen. Der Hauptstoss traf das Zentrum der Preussen³), denn hier an der Strasse waren die Schwierigkeiten, die das Gelände bot, am geringsten. Die beiden Bataillone Zastrow und Grabow hatten diesen wichtigsten Punkt der ganzen Stellung zu verteidigen⁴). Und da zeigte sich's wieder, wie wenig die eisernste Disziplin in den geworbenen Heeren des 18. Jahrhunderts das zu ersetzen vermochte, was Begeisterung und Vaterlandsliebe in den Volksheeren des 19. Jahrhunderts wirkten.

In die beiden Bataillone waren nämlich viele sächsische Rekruten eingereiht⁵), und so wichen sie denn nach kurzem Widerstande dem vereinten Ansturm von 5 österreichischen Bataillonen und gaben ihren Posten preis. Damit war das Zentrum durchbrochen, und der Feind besetzte sofort das Dorf Maxen, das im Rücken der Preussen lag. Wunderbares Walten des Geschickes! Sachsen hoffte Friedrich zu erringen, und Sachsen vergossen gleichsam schon als Unterthanen ihr Blut für den Eroberer: Sachsen waren es zumeist, die hier bei Maxen die stolzen Pläne des Königs zerstörten.

Die Kavalleriereserve, welche hinter der preussischen Linie hielt, kam gar nicht zum Einhauen, denn die Reiter wurden durch den Tod ihres Kommandeurs, der gleich bei Beginn der

---
¹) *Tielke*, S. 15.
²) *Tielke*, *Tempelhoff*.
³) Das Generalstabswerk lässt den Hauptangriff gegen den rechten Flügel gerichtet sein, es folgt hier *Gaudi*, der in diesem Abschnitte unzuverlässig ist; vgl. oben S. 25.
⁴) Journal, S. 601.
⁵) Eichel an Finckenstein. P. K., S. 663.

Attaque fiel, in Verwirrung gesetzt und durch das österreichische Feuer zurückgejagt[1]).

Indessen hielten die Flügel der Preussen noch Stand, der erste Angriff auf sie scheiterte, und so konnte Finck hoffen, das Gefecht noch wieder herzustellen. Er zog alles, was er an Truppen augenblicklich zur Verfügung hatte, heran, um den eingedrungenen Feind wieder aus Maxen heraus und die Höhe hinabzuwerfen. Das Dorf liess er durch das Bataillon Willemay angreifen[2]) und vom rechten Flügel führte er das Regiment Rebentisch und die Platendragoner heran[3]).

Unglücklicherweise gehörte aber das Regiment Rebentisch, da es ein ostpreussisches war und Ostpreussen in den Händen der Russen war, zu denen, welche keinen Kanton hatten[4]), und zählte deshalb sehr viel Oesterreicher und Russen[5]) in seinen Reihen. Der Widerstand, den es leistete, war also gering. Auch hier rächte sich der Fehler des Werbesystems, welches dazu führte, dass man den gemeinen Soldaten fast nur als Maschine betrachtete und aus einem Oesterreicher oder Russen dadurch, dass man ihm preussische Uniform anzog, einen Preussen gemacht zu haben glaubte.

Inzwischen hatten auch 2 österrreichische Kavallerieregimenter die Höhe erstiegen und waren durch die Lücke vorgedrungen. Diese warfen sich sofort auf die von Norden herbeieilenden Preussen, während gleichzeitig die österreichischen Grenadiere einschwenkten[6]) und sie mit heftigem Feuer empfingen. So wurden denn das Regiment Rebentisch und die Platendragoner über den Haufen geworfen und das erstere fast völlig aufgelöst. Damit war das Schicksal des Tages entschieden. Die 4 Bataillone der preussischen Flügel, welche sich noch tapfer ver-

---
[1]) Journal, S. 601.
[2]) Journal, S. 602 f.
[3]) *Winter* erwähnt den Angriff der Platendragoner überhaupt nicht, er spricht nur von dem Regiment Württemberg; alle Quellen berichten ausdrücklich von 2 Versuchen der Kavallerie, die Oesterreicher zurückzutreiben.
[4]) Vgl. *Becker*, Gesch. des 2. Ostpr. Gren.-Reg. Nr. 3, S. 245 ff.
[5]) *Fincks* Verteidigungsschrift, S. 161, bei *Winter*.
[6]) Beitr. zur Gesch. der öst. Kav., S. 407 und 410 f.

teidigten, waren völlig umringt und mussten sich mit Mühe durch die sie rings umgebenden Feinde durchschlagen.

Als der Kanonendonner des österreichischen Hauptangriffs zu ihm herüber dröhnte, hatte sich auch Brentano seinerseits in Bewegung gesetzt. Das Corps war nicht sehr stark, und so hoffte Finck es durch einen Stoss seiner ganzen Kavallerie, die auf dieser Seite aufgestellt war, zurückwerfen, ja wohl völlig zersprengen zu können, um sich wenigstens im Rücken Luft zu machen und seine ganze Kraft gegen die Truppen Dauns verwenden zu können. Er liess die Kürassiere und Husaren gegen den Feind vorgehen und sie durch ein lebhaftes Artilleriefeuer unterstützen. Das Gelände war im allgemeinen günstig, aber ungefähr 1 km vor der Front begann rechts von der Strasse ein sumpfiges Thal, das mit Teichen und Gebüsch bedeckt war[1]). Indem die Kavallerie sich nun zu weit rechts hielt, geriet sie in dieses Thal, konnte sich nicht ordentlich formieren, und die Attaque ward aufgehalten. Da brachen im entscheidenden Augenblicke die österreichischen Reiter los, und ihr Angriff wirkte so überraschend auf die Preussen, die schon in Unordnung waren, dass sich alles zur Flucht wandte und in das Thal ausbog[2]).

Die Kavallerie zog nun im Grunde entlang und kam schliesslich bei Ploschwitz wieder auf die Höhe. Hier traf sie der General Wunsch, der von seiner Abteilung fortgeritten war, um sich zu erkundigen, wie es bei Maxen stände. Sofort stellte er sich an ihre Spitze[3]) und attaquierte den Feind, der ihm gerade gegenüberstand. Es war Graf Palfy, der sich allmählich immer

---

[1]) Vgl. *Tielke*, S. 17.

[2]) So berichten im wesentlichen sämtliche Quellen, und ihre Schilderung scheint doch ganz klar und verständlich zu sein: Die Preussen geraten durch das sumpfige Terrain in Unordnung, werden attaquiert und weichen. (Journal. S. 604. *Tielke*, S. 17.) Das Generalstabswerk findet (S. 202) auch nichts Wunderbares darin. *Winter* sieht hier (S. 65) grosse Schwierigkeiten. Warum es durchaus zu einem „heftigen Reitergefecht" gekommen sein soll und warum nicht eine Schwadron, wie es ausdrücklich bezeugt wird (Beitr. z. Gesch. d. österr. Kav., S. 408), die Preussen, welche schon in Verwirrung waren, durch eine entschlossene Attaque erschreckt und zwei Regimenter in die Flucht geschlagen haben kann, bleibt unverständlich.

[3]) Wunsch an seine Frau. P. K., S. 671.

weiter westlich gezogen hatte, um die Verbindung zwischen der Reichsarmee und Brentano herzustellen. Allein dieser Versuch der Preussen, die feindliche Umschlingung zu zerreissen, misslang. Sie wurden, da sie ohnehin schon entmutigt waren, geworfen, und die österreichischen Husaren machten viele Gefangene[1]).

Brentano war unterdessen, nachdem der Angriff auf ihn missglückt war, vorgerückt und hatte die Bataillone, welche den preussischen rechten Flügel bildeten und sich bis dahin tapfer gehalten hatten, so ins Gedränge gebracht, dass sie sich zurückziehen mussten[2]). Finck sah ein, dass die ursprüngliche Stellung unhaltbar geworden sei und nur noch versucht werden müsse, einen geordneten Rückzug anzutreten. Die 3 Bataillone des Lindstädtschen Corps, die am wenigsten gelitten hatten, wurden bestimmt, ihn zu decken. Sie standen auf den Schmorsdorfer Höhen; hierhin wurde geschafft, was an Kanonen noch nicht verloren gegangen war, und so eine zweite Verteidigungslinie geschaffen.

Es gelang denn auch wirklich, die Trümmer der übrigen Bataillone zurückzuführen, und die Generale bemühten sich nach Kräften, einigermassen wieder Ordnung unter den geschlagenen und entmutigten Truppen herzustellen.

Jetzt war es aber nicht mehr zu hindern, dass Daun und Brentano Fühlung mit einander bekamen[3]), und ihrem vereinten Ansturm musste Lindstädt nach tapferer Gegenwehr weichen. Allmählich neigte sich der kurze Novembertag seinem Ende zu, und die einfallende Dunkelheit gebot der Verfolgung bald ein Halt. Auf dem Plateau zwischen Falkenhain und Ploschwitz fand sich der traurige Rest des Finckschen Corps zusammen: denn hier war durch Wunsch der Angriff des Feindes abgewehrt worden[4]).

Am frühen Morgen hatte der Verabredung zwischen den Oberfeldherren gemäss die Reichsarmee das Feuer eröffnet.

[1]) Relation der Reichsarmee bei *Tielke*, S. 35.
[2]) Journal, S. 604.
[3]) Journal, S. 604.
[4]) Journal, S. 605.

Doch waren die Kräfte, welche bei dem Angriff zur Verwendung kamen, nur gering. Eine Abteilung blieb ganz unthätig im Süden bei Burkertswalde stehen und begnügte sich, die Preussen ohne grossen Erfolg zu kanonieren. Eine andere griff mit geringer Energie Dohna an und nötigte die wenig zahlreiche Besatzung, das Dorf preiszugeben[1]). Dem Feldmarschalllieutenant Palfy, der den Reichstruppen mit 2 Husarenregimentern beigegeben war, gelang es, nördlich die Verbindung mit Brentano herzustellen und hier, wie erwähnt, etwas zum Erfolge des Tages beizutragen. Alles in allem zeigte die Reichsarmee wieder, wie gewöhnlich, nicht allzu grosse Energie und war zufrieden, den Feind am Durchbruch zu verhindern, so dass Wunsch im ganzen seine Stellung behaupten und einen Sammelpunkt für die übrigen geschlagenen Truppen bieten konnte.

Die Kapitulation.

Auf dem Plateau, auf dem Finck jetzt, so gut es ging, seine zerstreuten Schaaren zu sammeln und zu ordnen suchte[2]), konnte er nicht daran denken, dem Feinde am nächsten Tage ernstlichen Widerstand zu leisten. Zwar war er im Rücken und in den beiden Flanken durch steile Schluchten gedeckt, aber nach Westen hin war das Feld völlig offen, kein Hindernis hätte hier seinem Angreifer Schwierigkeiten verursacht. Er musste also versuchen, entweder möglichst unbemerkt abzuziehen oder sich durchzuschlagen.

Aber vergebens schickte er Patrouillen aus, um einen gangbaren Weg zu entdecken[3]), der ihn, wenn auch vielleicht in weitem Bogen, aus der gefährlichen Umklammerung herausführen könnte. Bei der Beschaffenheit der Gegend und der Enge der Thäler, durch welche die Wege zogen, waren diese

---

[1]) Relation der Reichsarmee bei *Tielke*, S. 34 ff.
[2]) Journal, S. 605 f.
[3]) Journal, S. 606.

leicht zu sperren, und alle ausgesandten Offiziere kamen mit der Meldung zurück, alles sei vom Feinde besetzt.

Es blieb das Mittel, das Daunsche Corps unvermutet anzufallen und sich hier mit Gewalt einen Weg zu bahnen. In der That wurden Vorbereitungen dazu getroffen. Man kann wohl mit Sicherheit sagen, dieser Verzweiflungsschritt hätte keinen Erfolg gehabt; denn wie sollten entmutigte geschlagene Truppen ihren siegreichen Gegner, vor dem sie am Tage vorher geflohen waren, aus seiner günstigen Stellung verjagen und dann noch einen gefahrvollen Rückzug überstehen? Das konnten die Preussen von 1815, aber nicht die preussische Armee von 1759. Aber es kam gar nicht erst so weit. Der Generallieutenant liess sich nämlich einen Stärkerapport einreichen, und als es sich herausstellte, dass die Infanterie ausserordentlich zusammengeschmolzen war[1]), verzichtete er auf seinen Plan, zumal da er auch die grosse Entmutigung seines Corps bemerkte.

Was war zu thun? In einem Kriegsrate sämtlicher Generale wurde schliesslich mit schwerem Herzen der Entschluss gefasst, eine Kapitulation mit dem Gegner abzuschliessen. War doch so immer noch eine wenn auch sehr geringe Hoffnung vorhanden, dass Daun den tapferen Truppen freien Abzug bewilligte, besonders so lange er ihre schwache Zahl noch nicht übersehen konnte. Da tauchte noch ein Vorschlag auf, bevor man sich der Willkür des Feindes überliefere, wenigstens doch einen Versuch zum Entkommen zu machen. Wunsch war es, der den Gedanken aussprach, mit den Husaren und Dragonern im Norden,

---

[1]) Die Journale und auch *Tielke* geben alle als Stärke des Finckschen Corps die Zahl von 2836 Mann an. Es ist unglaublich, dass das wirklich das ganze Corps gewesen sei: andererseits spricht aber die Zahl an sich dafür, dass sie doch auf irgend einem Grunde beruht, sonst würde sie wohl sicher etwas abgerundet sein. Nun ist in den Akten des Kriegsgerichts (*Winter*, S. 152 f.) der Rest der Kavallerie auf 2195 Pferde angegeben und die Gesamtstärke des Corps ohne Wunsch auf 5071 M., beides ebenso nicht abgerundete Zahlen. Addiert man 2195 und 2836, so erhält man 5031. Sollte das nicht in Beziehung zu den 5071 stehen? Dann würde also 2836 der Rest der Infanterie des Finckschen Corps sein, ohne Wunsch mitzurechnen. Dafür ist die Zahl nicht unglaublich. *Schäfer*, II. 1, 339, nimmt auch die Zahl 2836 an, hält sie aber für die Stärke der Infanterie des ganzen Corps.

wo die Einschliessungslinie am schwächsten war, durchzubrechen und im weiten Bogen zwischen den feindlichen Corps hindurch den Anschluss an den König zu erreichen[1]).

Einen Augenblick dachte Finck vielleicht daran, sich selbst an die Spitze der Kavallerie zu setzen, aber bald kam er davon zurück. Der Erfolg war, wenn nicht unmöglich, so doch zum mindesten, nach allem, was vorgegangen war, sehr unwahrscheinlich. Und dann, es war doch noch eine Möglichkeit vorhanden, durch Verhandlungen dem Könige den ganzen Rest des Corps zu retten; dazu musste aber notwendig der Oberbefehlshaber selbst da bleiben. So erteilte der Generallieutenant denn Wunsch die Erlaubnis, seinen Plan zu versuchen und gab ihm den General Gersdorff mit, er selbst blieb aber, wie ein Kapitän auf seinem brennenden Schiffe, bei seinen Truppen zurück.

Kurz vor Tagesanbruch wurde General Rebentisch abgefertigt, um die Verhandlungen zu führen. Da zeigte sich aber sofort, dass die Preussen jede Hoffnung auf Befreiung schwin-

[1]) Es scheint hier in unseren Quellen ein gewisser Widerspruch vorzuliegen. Journal, *Tielke* und die Aussagen Pfaus und Winterfelds vor dem Kriegsgericht (*Schöning*, der siebenjährige Krieg. II., S. 196 f.) behaupten, Finck habe Wunsch den Befehl gegeben, mit der Kavallerie abzumarschieren, ja Pfau fügt sogar hinzu, der Generallieutenant habe sich selbst an die Spitze stellen wollen. Dem gegenüber sagt Finck in seiner Verteidigungsschrift ausdrücklich, dass der Vorschlag von Wunsch ausging. Unzweifelhaft hat *Winter* S. 71 f. mit Recht die Aussage Fincks hier als ausschlaggebend angenommen, aber die anderen Nachrichten lassen sich vielleicht damit vereinen. Der Oberbefehlshaber trug doch immer die Verantwortung für jeden Versuch seiner Untergebenen, sie handelten also immer auf seinen Befehl. Es ist auch sehr wohl möglich, dass Finck thatsächlich daran gedacht hat, sich selbst mit der Kavallerie durchzuschlagen. In seiner Verteidigung giebt er auf die Frage, warum er sich nicht vor die Kavallerie gesetzt und gesucht hätte, sich durchzuschlagen, als Grund an, dass er die Undurchführbarkeit des Unternehmens eingesehen habe. Den anderen Grund, welchen ich für sein Verhalten zu finden glaube, hat er nicht selbst angegeben — denn was konnte das nützen, da ja der Ausgang gezeigt hatte, dass er sich getäuscht hatte? — aber er liegt in der Sache selbst. Wozu brauchte man zu unterhandeln, wenn man sich auf Gnade und Ungnade ergeben wollte? Dass man die Hoffnung auf bessere Bedingungen, was doch wohl nur freien Abzug oder ähnliches bedeuten kann, im geheimen hegte, geht aus den Quellen hervor. Pfau äusserte im Verhör, Wunsch habe den Generallieutenant bestimmt, da zu bleiben, durch die Bemerkung, dass,

den lassen mussten. Daun bestand auf unbedingter Ergebung des ganzen Corps. Schon waren die Feindseligkeiten wieder eröffnet, und die preussischen Bataillone leisteten so wenig Widerstand, dass die Kroaten Falkenhain sogleich einnahmen [1]). Finck sah ein, dass er dem Feinde keine Bedingungen mehr vorschreiben könne, und willigte in alles.

General Wunsch hatte inzwischen morgens um 3 Uhr seinen Marsch angetreten [2]). Aber bald stellte sich die Unmöglichkeit heraus, sein Vorhaben durchzuführen. Von vornherein musste es sein Bestreben sein, möglichst unbemerkt unter dem Schutze der Nacht die feindlichen Posten zu passieren. Nur wenn das gelang, bot das Unternehmen einige Aussicht auf Erfolg; denn unmöglich konnte der General hoffen, mit einigen tausend Reitern, die schon am Tage vorher bei jeder Attaque versagt hatten, sich in einen ernstlichen Kampf einzulassen. Nun waren aber die Pferde so abgemattet und die Wege infolge des sehr durchschnittenen Geländes und des Glatteises, zumal bei der Dunkelheit, so schwer gangbar, dass die Abteilung bei Tagesanbruch

wenn Finck wegginge, gleich alles verloren sein würde. Das Journal sagt (S. 607), es sei das letzte Mittel für die Infanterie gewesen, „mit dem Feinde in der Geschwindigkeit, so gut als möglich zu kapituliren, ehe die Schwäche des Corps, durch den ganz anbrechenden Tag, vollkommen entdeckt würde". Auf derartige Anträge der Preussen deutet auch die Fassung der österr. offiziellen Relation (*Tielke*, S. 32). Darnach erhielt Lascy den Auftrag, „dass er demselben platterdings bedeuten solle, wie sich das völlige feindliche Corps als Kriegsgefangene zu ergeben, oder im Weigerungsfall zu gewärtigen habe, in die Elbe gesprenget zu werden." So erklärt es sich auch, warum Rebentisch schon vor Tagesanbruch zum Feinde gesandt wurde.

Fragt man nun, ob denn ein Grund für die Hoffnung Fincks vorhanden gewesen sei, so wird man das nicht unbedingt verneinen dürfen. Daun kam es, nach der Meinung der Preussen, vor allem darauf an, den lästigen Feind in seinem Rücken los zu werden, sich die Passage nach Böhmen freizumachen. Andererseits konnte Finck annehmen, dass der König ihn nicht ganz ohne Unterstützung lassen werde (thatsächlich ist diese ja abgeschickt) und dass sein vorsichtiger Gegner, wenn er das Corps bei Ploschwitz noch eines ernsten Widerstands für fähig hielt, um nicht zwischen zwei Feuer zu kommen, sich damit begnügen werde, seinen Hauptzweck erreicht zu haben, ohne wegen eines unsicheren grösseren Vorteils noch einmal alles aufs Spiel zu setzen.

[1]) Oesterr. milit. Ztschr. 1841. III., S. 49.
[2]) Journal, *Tielke*.

sich noch mitten zwischen den Stellungen der Reichstruppen befand. Kein Zweifel, der Versuch war missglückt, und als jetzt wiederholte Befehle des Oberbefehlshabers einliefen [1]), dass Wunsch umkehren solle und sich gleichfalls in Gefangenschaft zu geben habe, benutzte Wunsch diese Gelegenheit, die Verantwortung von sich abzuwälzen, und gab seinen Plan auf, dessen Undurchführbarkeit er einsah.

Von einer Seite ist behauptet[2]), Wunsch sei nicht freiwillig umgekehrt, sondern von den österreichischen Husaren angegriffen und zurückgejagt worden. *Cerrini* beruft sich dafür auf ein Aktenstück im Wiener Archiv. Er schreibt[3]): „Dass der G.-L. Finck den Gen. Wunsch auf ausdrückliches Verlangen des F.-M. Daun zurückgerufen habe, wie *Tempelhoff* behauptet, erscheint sehr unwahrscheinlich. Sowohl die Original-Relazionen, als auch das oft erwähnte Tagebuch machen hiervon keine Erwähnung. Wohl aber ist die Meldung des F.-M.-Lts. Palfy vorhanden, dass er den Versuch des Gen. Wunsch, sich durchzuschleichen, auf obige Art vereitelt habe:" und schildert den Vorgang folgendermassen: „Der in der Nähe von Gamig stehende F.-M. Palfy, aufmerksam auf alle Bewegungen des Feindes, hatte den Marsch der Preussen kaum entdeckt, als er auch sogleich dem Gen. Uihazy den Befehl ertheilte, den Feind mit dem Husaren-Regiment Spleny anzugreifen; dieser, der kaum Zeit hatte, sich nur etwas zu ordnen, wurde über die Anhöhe hinabgestürzt. Gen. Uihazy machte eine Menge Gefangene, und nöthigte den Gen. Wunsch, sich wieder auf die Höhen von Bloschwitz zurückzuziehen."

Sonst meldet keine Quelle von diesem Ereignis. Merkwürdigerweise berichtet nun aber die Relation der Reichsarmee[4]) in ganz ähnlicher Weise über den abgeschlagenen Angriff des Generals Wunsch am vorigen Tage[5]): F.-M. Palfy habe den

---

[1]) Dass Finck diesen Befehl erlassen hat, steht wohl nach seinen eigenen Aeusserungen ausser Frage. Vgl. *Winter*, S. 75.
[2]) Oesterr. milit. Ztschr. 1841. III., S. 48 f.
[3]) A. a. O., S. 49 Anm.
[4]) *Tielke*, S. 35.
[5]) Vgl. oben, S. 70 f.

Feind durch Uihazy und das Regiment Spleny zurückwerfen lassen und „Es war dieses von dem Herrn F.-M.-L. Graf von Palfy so von ohngefähr gemachte Mouvement eine der Ursachen mit, welche den in seiner Flucht gegen Kleinporten durchzubrechen suchenden Feind wieder umzukehren nöthigten."

Sollte da nicht eine Verwechselung *Cerrinis* vorliegen und die von ihm angezogene Meldung Palfys sich auf den vorigen Tag beziehen? Die oben angegebenen Gründe genügen ja auch völlig, um die Umkehr Wunschs zu erklären[1]). Dass dieser General sich nicht auf den Befehl Fincks hin hat gefangen nehmen lassen, ist wohl sicher anzunehmen, sonst würde ihn ein schwerer Tadel treffen[2]). Ebensowenig aber wird man, wenn das Gesagte richtig ist, behaupten können[3]), dass der Generallieutenant den Durchbruch unmöglich gemacht habe, weil er die Kapitulationsverhandlungen zu früh begann. Soll man wirklich glauben, dass Daun, nachdem er den Marsch der Kavallerie entdeckt hatte (und den bemerkte er, sobald es hell wurde), nicht Mittel gefunden hätte, ihn zu verhindern, selbst wenn Finck noch einen neuen Angriff abgewartet hätte? Das einzige, was diesem vorgeworfen werden kann[4]), ist der Umstand, dass er sich überhaupt bestimmen liess, seinem Untergeneral den Befehl zum Rückzug zu geben. Aber mit Recht weist er selbst darauf hin[5]), dass er in dem Augenblicke kein freier Mann mehr war, und also seine Befehle unverbindlich waren.

So endete das Ereignis, das bei allen Zeitgenossen das grösste Aufsehen erregte und den König auf das heftigste erschütterte, weil es nicht nur die preussische Waffenehre mit einem unauslöschlichen Flecken behaftete, sondern auch seine politischen Pläne völlig durchkreuzte. Indem wir, zu verstehen, uns bemühten, glauben wir erkannt zu haben, dass die Fehler,

---

[1]) *Tielke* verurteilt den ganzen Versuch als undurchführbar, S. 21.

[2]) Ich führe nur das Urteil des Generalstabswerkes an (S. 217): „Unserer Meinung nach war es Pflicht dieses Generals, den Befehlen Fincks nicht zu gehorchen."

[3]) *Winter*, S. 77.

[4]) Vgl. Generalstabswerk, S. 217.

[5]) Verteidigungsschrift. *Winter*, S. 164 f.

welche General Finck zum Vorwurf gemacht werden müssen, wenn man ihn vom militärischen Standpunkte aus beurteilt, zwar zum Teil das Unglück hervorgerufen haben, aber weniger auf persönlichen Verschuldungen beruhen, als vielmehr in den Verhältnissen ihre Erklärung finden. Eine Voreingenommenheit der Gedanken, welche er mit seinem Könige teilte, trübte seinen Blick, und die Unzuverlässigkeit seiner Truppen, denen bei aller Disziplin und Tapferkeit doch die Erziehung und der richtige Geist fehlten, verursachte dann die Furchtbarkeit der Katastrophe.

Anmerkung: Auf S. 3, Anm. 1, ist einzufügen: *Preuss*, Friedrich der Grosse II, S. 423.

Beilage I.

An den Generalmajor von Schenckendorff.

Wilsdruff, 18. November 1759.

Ich danke Euch für die mir gegebenen Nachrichten, und wo es wahr ist, dass die Reichsarmee über Gieshübel[1]) gehen will, so wird sie gewiss Haare lassen müssen. Worferne was neues bei Euch vorfällt oder Nachrichten einlaufen, werdet Ihr mir sofort solches melden.

Friderich.

Nach der Ausfertigung im Kriegsarchiv des Gr. Generalstabes. I. XXVII. 420, S. 229. Die Schreibweise nach den Grundsätzen der Polit. Korr.

[1]) An der Strasse nach Böhmen, südöstlich von Maxen.

Beilage II.

G.	A.	E.	F.	Journal.
I. (Journal, S. 595). so befahl der Gen. Lieutenant, dass zu derselben mehrerer Sicherheit, der Gen. Major von Platen, mit den Dragonern v. Würtemberg und den 3 Grenadier-Bataillons v. Kleist, v. Billerbeck, v. Benekendorf, ohne Anstand den Proviantwagen, auf der Strasse nach Reinholzhain, entgegen marschiren sollte;	Wörtlich wie G.	Wörtlich wie G.	Wörtlich wie G.	Wörtlich wie G.
II. (Journ., S. 596). und wolte anfänglich die beyden Anhöhen bey Hausdorff occupiren, den rechten Flügel aber vor Maxen auf die Anhöhen gegen Drohnitz und Wittgendorff postiren; weil diese Höhen all das übrige Terrain zu bestreichen schienen.	und wollte anfänglich, die beyden Anhöhen gegen Tronitz und Wittgendorff postiren; weil diese Höhen all das übrige Terrain zu bestreichen schienen.	Wörtlich wie A.	Wörtlich wie A.	Wörtlich wie A. nur statt „postiren" steht „occupiren".
III. (Journ., S. 597). vier Kanons von 6 Pfund aber, besser rechts vor dem Zastrowschen Battaillon aufgefahren werden: ferner 2 Canons à 12 Pfund Auf der Anhöhe bey dem Schenckendorffschen Battaillon und die übrigen 2 Canons à 12 Pfund auf der Schmorsdorffer Anhöhe gepflanzet werden.	vier Kanons von 6 Pfund aber, besser rechts vor dem Zastrowschen Bataillon und die übrigen 2 Kanons à 12 Pfund, auf der Schmorsdorffschen Anhöhe gepflanzet werden.	Wörtlich wie A.	Wörtlich wie A.	Wörtlich wie A.

Beilage II.

C.	B.	D.	H.	Finck.
Wörtlich wie G.	Wörtlich wie G.	so befahl der General-Lieutenant dass zu derselben mehreren Sicherheit der General-Major v. Plathen, mit denen Dragonern v. Württemberg und denen 2 Grenadier-Bataillons von Billerbeck und von Benckendorff ohne Anstand denen Proviant-Wagens auf der Strasse nach Reinholtshain entgegen marchiren solte.	Wörtlich wie D.	so befahl der General-Lieutenant, dass zu derselben mehrerer Sicherheit der General Major von Platen mit denen Dragonern von Würtenberg und dem Cürassir Regimente von Horn, desgleichen der General von Mosel mit denen Grenadier-Battaillons von Billerbeck und Benckendorff ohne Anstand denen Proviant Wagens auf der Strasse nach Ringelshayn entgegen marchiren solte;
Wörtlich wie G.	Wörtlich wie G.	Wörtlich wie G.	Wörtlich wie G.	und wollte anfänglich die beyden Anhöhen bey Hausdorff occupiren, den rechten Flügel aber vor Maxen auf die Anhöhen gegen Dronitz und Wittgendorff postiren.
Wörtlich wie G.	vier Kanons von 6 Pfund aber, besser rechts vor dem Zastrowschen Battaillon aufgefahren; ferner 2 Canons à 12 Pfd. auf der Schmorsdorfer Anhöhe gepflanzet werden.	Wörtlich wie G.	Wörtlich wie B.	vier Kanons von 6 Pfd. aber, besser rechts vor dem Zastrowschen Battaillon aufgefahren werden. Ferner 2 Canons à 12 Pfd. auf der Anhöhe bey dem Schenckendorffschen Battaillon und die übrigen 2 Canons à 12 Pfd. auf der Schmorsdorffer Anhöhe gepflanzet werden.

Beilage II.

G.	A.	E.	F.	Journal.
IV. (Journ. S. 600). Die Canonade hatte bereits eine halbe Stunde gedauert.	Die Kanonade hatte bereits eine Stunde gedauert.	Wörtlich wie A.	Wörtlich wie A.	Wörtlich wie A.
V. (Journ., S. 601). Das Bataillon v. Kleist und Billerbeck brachten den Feind zum Weichen.	Wörtlich wie G.	Wörtlich wie G.	Wörtlich wie G.	Wörtlich wie G.
VI. (Journ., S. 602). Die Escadrons kamen in Unordnung und diese Attaque, so alles gleich wieder hätte herstellen können, lief fruchtlos ab.	Die Eskadrons kamen durch das Oesterreichische Artilleriefeuer in Unordnung, und diese Attake lief fruchtlos ab.	Wörtlich wie A.	Wörtlich wie A.	Wörtlich wie A.
VII. (Journ., S. 603). Das Regiment von Rebentisch war aber nicht so glücklich. Die Oesterreicher drungen mit aller Gewalt nach der entstandenen Oefnung, und warfen, mit den in die Flucht gebrachten 2 Bataillons von Grabow und Zastrow, das Regiment von Rebentisch über den Haufen; wie denn auf gleiche Weise die Platenschen Dragoner, ohne eine Attaque gemacht zu haben, in Konfusion zurück kamen.	Wörtlich wie G.	Wörtlich wie G.	Wörtlich wie G.	Wörtlich wie G.

Beilage II.

C.	B.	D.	H.		Finck.
Wörtlich wie G.	Wörtlich wie G.	Wörtlich wie G.	Wörtl. wie G.		Diese Canonade hatte bereits eine starke halbe Stunde gedauert.
Das Bat. v. Kleist und Benckendorff brachte den Feind zum Weichen.	Wörtlich wie C.	Wörtlich wie C.	Wörtl. wie C.		wurden aber, besonders von die Grenadier Bataillons Kleist. Benckendorff und Billerbeck repoussiret.
Wörtlich wie G.	Wörtlich wie G.	Wörtlich wie G.	Wörtl. wie G.		wodurch die Esquadrons in Unordnung geriethen und diese Attaque, so alles gleich wieder hätte herstellen können, lief fruchtlos ab.
Das Regiment von Rebentisch war aber nicht so glücklich, indem mit die Oesterreicher mit Cavallerie und Infanterie dergestalt mit Gewalt in die entstandene Oeffnung drungen, dass sie dieses Regiment ohngeachtet alles gethanen Wiederstandes mit denen in die Confusion und Flucht gebrachten 2 Bataillons von Zastrow und Grabow über den Haufen warfen, und schier das gantze 2 Bataillon niederhauten; folglich dieses Regiment einen ziemlichen Verlust leiden musste, wie denn gleichfalls die Platenschen Dragoner ohne eine Attaque zu thun, durch das feindliche Canonen und kleinen Feuer mit Confusion zurückgejaget wurden.	Wörtlich wie C.	Wörtlich wie C, nur das erste „mit" ist durchgestrichen.	Wörtlich wie C.		Das Reg. v. Rebentisch war aber nicht so glücklich. Die Oesterreicher drungen mit aller Gewalt nach der entstandenen Oeffnung und warfen mit den in die Flucht gebrachten 2 Bataillons v. Grabow und Zastrow, das Regiment von Rebentisch über den Hauffen und machten hiervon viele Gefangene; wie denn auf gleiche Weise die Platenschen Dragoner ohne eine Attaque gemacht zu haben in Confusion zurück kamen.

Vita.

Am 18. Mai 1869 wurde ich, Ludwig Heinrich Mollwo, zu Lübeck als Sohn des Oberlehrers Ludwig Mollwo und seiner Gattin Luise, geb. Haltermann, geboren. Ich bin evangelischer Konfession. Im Herbst 1874 wurde ich in das Katharineum aufgenommen und genoss den Unterricht auf diesem Gymnasium, an den ich immer mit Dankbarkeit zurückdenken werde, zwölf und ein halbes Jahr hindurch. Mit dem Zeugnisse der Reife entlassen, wandte ich mich Ostern 1887 nach Marburg und trieb zuerst hier fünf Semester lang, dann drei Semester in Berlin, endlich wieder zwei in Marburg geschichtliche und geographische Studien. Am 9. Dezember 1892 bestand ich die Prüfung für das höhere Lehramt.

Während meiner Studienzeit hörte ich die Vorlesungen der Herren Professoren und Dozenten: *Birt, Cohen, Dames, Delbrück, Diels, Fischer, Hirschfeld, Koser, Lehmann, Lenz, Niese, Paulsen, v. Richthofen, v. d. Ropp, Scheffer-Boichorst, L. v. Sybel, v. Treitschke, Vahlen, Varrentrapp, Weiss, Werner, Wissowa, Wellhausen, Zeller.* An Uebungen und Seminarien liessen mich teilnehmen die Herren Professoren *Delbrück, Fischer, Koser, Lehmann, Niese, v. Richthofen, v. d. Ropp, Varrentrapp*.

Allen meinen Lehrern, insonderheit den Leitern der Uebungen werde ich mich stets zu grossem Danke verpflichtet fühlen.